# Asuntos al frente

Lecturas previas para la Escuela de
plantación de iglesias urbanas Evangel

· · · · · · · · · · · · · · · · · · · · · · ·

*Editado por*
Rev. Dr. Don L. Davis
Rev. Dr. Hank Voss

TUMI Press
3701 East Thirteenth Street North
Wichita, Kansas 67208

# Tabla de contenido

## Carta de bienvenida

¡Saludos en Cristo, queridos colaboradores en el evangelio de Cristo!

En nombre de todos nosotros aquí en TUMI Internacional, les doy la bienvenida de antemano en su participación en la Escuela de plantación de iglesias urbanas *Evangel*. ¡Muchos pensamientos, oraciones y preparación se han puesto en la Escuela, anticipándonos a su llegada, y estamos realmente entusiasmados con el potencial que tiene esta reunión escolar para la plantación de nuevas iglesias sanas para Cristo en comunidades vírgenes! Su participación es bienvenida y querida por nosotros; esperamos conocerle, y ya sea que actúe como decano, entrenador o plantador de iglesias, sabemos que Dios bendecirá sus esfuerzos para contribuir a plantar una iglesia en el lugar donde Dios le ha llamado.

Independientemente de su papel en el proceso de plantación de iglesias. Creemos que tendrá que leer un poco y reflexionar de antemano sobre los conceptos que consideraremos una vez que esté aquí. Por lo tanto, en preparación para su capacitación aquí en *Evangel*, lea detenidamente las siguientes páginas clave extraídas de los recursos que recibirá una vez que llegue a la escuela *Evangel*. Estos escritos están destinados a ayudar a informar y orientar sobre los conceptos críticos, procesos, suposiciones y la visión y estrategia generales de nuestras sesiones de capacitación de *Evangel*. Estamos convencidos de que su consideración cuidadosa y atenta de estos materiales lo equipará fácilmente para los momentos rigurosos y emocionantes de reflexión, oración y diálogo que le esperan aquí en la Escuela.

La plantación de iglesias es verdaderamente uno de los actos más importantes en los que el pueblo de Dios puede participar. La Iglesia es central en la historia y el plan de Dios, y los privilegiados en plantar congregaciones del Señor son doblemente bendecidos. No solo se nos concede la gracia de representar a Cristo en una comunidad o vecindario donde no se lo conoce de ninguna manera, sino también, y lo que es igual de importante, tenemos que dar testimonio de los asombrosos actos de gracia y misericordia de Dios el Espíritu Santo logra a través de sus siervos, aquellos plantadores de iglesias fieles que trabajan para él mientras atraen a la gente hacia el Señor. Cualquiera que sea su función, comparte este honor y bendición. Sí, todos los que contribuimos al proceso tenemos la clara oportunidad de dejar nuestra huella mientras somos usados por el Señor para plantar puestos de avanzada del reino en nuevos lugares para Cristo.

Gracias de antemano por su minuciosa preparación para la escuela. Estamos verdaderamente agradecidos por su asociación en el evangelio. Nuestra oración sincera es que el Señor le proporcione toda la gracia y la sabiduría que necesita para dejar su huella cuando contribuya en el apasionante trabajo de plantar una nueva congregación para Cristo en un vecindario donde necesita desesperadamente ser conocido.

En anticipación de la bendición de Dios,

Dr. Don L. Davis
*Sr. Vice-presidente, Desarrollo de iglesia y liderazgo, World Impact*
*Director, The Urban Ministry institute*
*Co-Decano, Escuela de plantación de iglesias urbanas Evangel*

# Estrategia de plantación de iglesias de World Impact

Rev. Efrem Smith

Fuente:
*Plantando iglesias entre los pobres de la ciudad, Volumen 1,* págs. 288-291

*"Coronas de belleza: la iniciativa de plantación de iglesias autóctonas y urbana de World Impact".*

### Propósito de la plantación de iglesias

Tratar de plantar tantas iglesias como sea posible entre las diversas culturas representadas por los urbanos pobres, en todas nuestras ciudades y más allá.

1. **La credibilidad**

   - No somos una organización para-eclesiastica o una iglesia suburbana entrando en la ciudad. Somos una organización misionera urbana con más de 40 años de experiencia de ministerio transcultural y de encarnación.

   - Personal múltiple, que tiene más de 20 años de experiencia de plantación de iglesias.

   - Presidente y CEO, que tiene una amplia plantación de iglesias, formación en plantación de iglesias, y experiencia en el diseño de plantación de iglesias.

   - Investigación significativa se ha hecho en la plantación de iglesias urbanas a través de TUMI

   - Somos evangélicos sin reparos (Evangelio, Cristo y centrado en la Palabra)

   - Somos una organización inter-denominacional.

2. **Teología y fundamentos bíblicos**

   - Utiliza Isaías y Ezequiel para levantar el significado de "coronas de belleza."

   - Abraza la epopeya completa de la Biblia "el pueblo de la historia"

   - Abraza la dinámica multiétnica, multicultural, urbana, y liberadora de la Biblia.

   - Participante del reino de Dios y *Christus Victor.*

   - Estamos informados por la Gran Tradición.

   - Planta iglesias urbanas que funcionan como comunidades de la teología, la adoración, el discipulado y el testimonio.

Fuente:
*Plantando iglesias
entre los pobres de la
ciudad, Volumen 1,*
págs. 288-291

## 3. El diseño de misión del movimiento

- El movimiento global de plantación de iglesias será uno que refleja un diseño de misión "tripartito" (auto-sostenible, auto-reproducible y autónomo).

- Ambos plantamos iglesias con el personal de *World Impact* que transicionan al liderazgo autóctono y las iglesias que comienzan con liderazgo autóctono.

- *La dinámica de nuestros movimientos de plantación de iglesias serán conocidos por la espiritualidad compartida, la capacidad de contextualizar, y de crear y mantener las prácticas y estructuras estandarizadas.*

## 4. Valores

- "La mejor manera de restaurar a los cristianos a la teología vibrante, la adoración, el discipulado y el alcance es recuperar la identidad de la Iglesia como Pueblo de la historia, a través de una re-conexión con las raíces sagradas de la Iglesia". (Pág. 151 – *Jesús recortado de la imagen* por Allsman)

- *Conectando la Gran Tradición, los urbanos pobres, y la plantación de iglesias urbanas*

- Plantamos asociaciones de iglesias, facilitamos movimientos y participamos con socios colaboradores.

## 5. Principios

- Acróstico PLANT
- Compromiso del líder urbano autóctono
- Compromiso histórico con los urbanos pobres y con las ciudades
- Un enfoque misional (encarnación)
- Honrando los enfoques multiétnicos, multiculturales, étnias específicas, e inmigrantes de primera generación
- Plantación de iglesias con la iglesia urbana existente

## 6. Iniciativas suplementarias

- Asociaciones de iglesia urbanas (UCA siglas en inglés)
- Asociados de *World Impact* (WIA siglas en inglés)
- *The Urban Ministry Institute* (El Instituto Ministerial Urbano; TUMI siglas en inglés)
- *SIAFU* (capítulos y casas de liderazgo)

Fuente:
*Plantando iglesias entre los pobres de la ciudad, Volumen 1,* págs. 288-291

**7. Tres expresiones (todas incluyen la evaluación, formación, tabla de plan de acción, y dotación de recursos)**

- Iglesia en casas (20-50 personas)

  Puede ser entendida como una pequeña tienda en un centro comercial. Necesitan conexiones con otras iglesias pequeñas tanto para sobrevivir y prosperar. Puede reunirse prácticamente en cualquier lugar y puede funcionar con una pequeña huella con poco o nada de cargas financieras. Puede centrarse en un bloque específico, la construcción de viviendas, o la red de familias. Un fuerte enfoque en el discipulado de desarrollo de liderazgo autóctono puede tener lugar en este grupo conectado más pequeño.

- Iglesia Comunitaria (60-150 personas)

  Puede ser entendida como una tienda de comestibles o de conveniencia. Se centra en una identidad geográfica particular y proximidad, destacando tanto la afinidad, la conexión y el contexto único de la congregación y la comunidad circundante. Desarrollada en torno a una vocación profunda y la conexión a un barrio en particular. Necesitará un lugar semi-estable para reunirse (parque, un centro comunitario o escuela). Asociación con otras iglesias de la comunidad es importante.

- Iglesia Madre (más de 200 personas)

  Puede ser entendida como una Supertienda Walmart o Super Target. Una congregación dirigida misionalmente que aprovecha sus capacidades y dones que se deben a . . .

  - Centro de ministerios de compasión, misericordia y justicia,
  - Fomenta la sede para la plantación de nuevas iglesias, y
  - Encuba otros ministerios eficaces entre los urbanos pobres no alcanzados.
  - Tiene en cuenta que sería necesaria una instalación más arraigada dentro de esta expresión.

**8. Marco de plantación de iglesias**
- Escuela de plantación de Iglesias (Eventos, formación, recursos)
- Una evaluación, capacitación, asignación de recursos, y estrategia de normalización unificada.
- Formación del personal de *World Impact* como entrenadores, mentores y co-pastores.

Fuente:
*Plantando iglesias entre los pobres de la ciudad, Volumen 1,* págs. 288-291

- La evaluación del llamado y dones del personal de *World Impact/* Líderes autóctonos. (Escuela, evaluación, cartilla)
- Asociaciones (iglesias locales, denominaciones y organizaciones)

## 9. Entrega y soporte

- Cartilla de presupuesto- $ 15,000- $ 75,000 por iglesia por más de 3 años y basado en la ubicación/expresión
- Historia y estado actual – 72 iglesias plantadas y 45 activas
- Objetivo: Plantar 300 iglesias en los próximos 7 años (Costo: $15 millones, la inyección inicial de $1 millón)
- Dirigido hacia los líderes C-1 y C-2.
- *La división de recursos de iglesias proporcionará la supervisión general y las regiones las implementarán.*
- *Necesidades del personal - Comience con el Director Nacional, reportando a Don Davis y proveyendo apoyo para la dotación de recursos de los RVP y EDM.*
- Estrategia de desarrollo de fondos - Fondo Nacional de Plantación - divida porcentajes entre las regiones con lo administrativo, los presupuestos de iglesias socias regionales, y las opereaciones regionales
- Factor en los costos de la capacitación, plantación de iglesia en una caja ($ 100), formación, etc.
- Incluya cuidado de los miembros, según sea necesario.
- Herramientas de orientación y tutoría (Preparar, Trabajar y Revisar)
- Herramienta de gestión de metas potenciales (Lapso de la meta- Jeff Hunt)
- *Establecer objetivos de plan de acción en las áreas de teología, adoración, discipulado y testimonio.*

# Prefacio
## Cómo usar esta guía

Fuente:
*Listos para la siega,*
págs. 11-23

**La escuela de plantación de iglesias urbanas *Evangel*:**
**Campo de entrenamiento para plantadores de iglesias urbanas**

Desde hace más de cuarenta años, *World Impact* se ha dedicado a honrar y glorificar a Dios y deleitarse en él entre los pobres de las ciudades sin iglesia al conocerlo y darlo a conocer. Una organización misionera en el interior de la ciudad, nuestra visión es reclutar, capacitar y liberar líderes urbanos que plantarán iglesias e iniciarán movimientos de plantación de iglesias autóctonas. Estamos convencidos de que Dios todopoderoso desea capacitar a los pobres urbanos para avanzar el reino de Dios en todas las ciudades en los Estados Unidos y más allá a través de la iglesia local. De hecho, creemos que la proclamación y demostración del Evangelio de la Iglesia está en el corazón de la misión del reino de Dios.

Nuestra *Escuela de plantación de iglesias urbanas Evangel* capacita y equipa entrenadores, plantadores de iglesias, y equipos de plantación de iglesias para plantar iglesias saludables entre los pobres de la ciudad. Con el fin de prosperar en sus esfuerzos, los plantadores de iglesias urbanas deben adoptar una visión teológica clara y elegir los modelos correctos, culturalmente sensibles y que expresen la iglesia. Deben aplicar la sabiduría bíblica con el fin de evangelizar, equipar y capacitar a la gente de la ciudad no alcanzada a responder al amor de Cristo, y tomar su lugar en representar el Reino de Cristo donde viven y trabajan.

Esta guía, el texto oficial de la *Escuela Evangel*, esboza un proceso de plantación de iglesias que respeta las culturas únicas, entornos, comunidades y situaciones reflejadas en la norteamérica urbana. El enfoque PLANT esbozado aquí proporciona una instrucción prácticamente sabia y espiritualmente vital para asegurar que los equipos de plantación de iglesias urbanas ni se cansen, ni tampoco cometan errores en su intento de involucrar a los barrios no alcanzados en necesidad pero aún espiritualmente maduros. La guía le dirigirá a los equipos a través de ese proceso, con un enfoque en la oración, la reflexión y la sabiduría para encontrar el llamado único de Dios en cada plantador y equipo.

Lleno de devocionales, seminarios, ejercicios y hojas de trabajo, con docenas de gráficos, diagramas, y artículos, este recurso tan valioso capacitará a los equipos de plantación de iglesias a diseñar una estrategia que probará capacitarles. Puede que les permita elaborar un curso que es coherente con la visión que Dios les ha dado para plantar una iglesia saludable, que declara el reino, y poner en marcha movimientos que muestran la justicia del Reino entre los oprimidos. Estamos muy

Fuente:
*Listos para la siega,*
págs. 11-23

emocionados sobre el interés y la actividad de muchas iglesias y denominaciones de establecer puestos de avanzada del Reino en las comunidades más necesitadas en nuestra nación. Nuestra oración es que este recurso contribuya a esa visión.

### Plantación de Iglesias – una obra del Espíritu Santo

La plantación de iglesias es una actividad espiritual. No es como construir una casa o iniciar un negocio. Se requiere de oración, adoración, ayuno, enseñanza, disciplina y sabiduría. Sin el liderazgo y la provisión del Espíritu Santo, no podemos ver una iglesia plantada entre un grupo de personas no alcanzadas que necesitan conocer el amor de Cristo. Sabiendo esto, el objetivo de este libro es que le guíe en el proceso de discernir la dirección de Dios en la plantación de una iglesia en otra cultura, con el fin de cumplir con su llamado en la Gran Comisión. Nuestra oración es que en el momento de realizar los ejercicios de este libro llegue a entender las verdades del ministerio del evangelio de tal manera que va a estar espiritual y tácticamente listo para plantar una iglesia. Como resultado de ello, cada sesión abre con adoración y un devocional y termina en un tiempo de oración prolongada, que son los dos aspectos esenciales de su preparación para plantar una iglesia.

Las cinco sesiones representan el lapso de esfuerzo y el ministerio de un equipo plantador de la iglesia en un barrio o entre un grupo de personas, desde su encuentro inicial de oración hasta el momento de la transición de la nueva iglesia, con sus líderes pastorales. Cada sesión está diseñada específicamente para ayudarle a desarrollar una parte de su plan estratégico de plantación de iglesias. La última sesión le ayudará a envolver los detalles con el fin de tener un plan que pueda ejecutar bajo la guía del Espíritu Santo.

### Estructura de la guía: Entendiendo el formato de la sesión

Este libro supone que los equipos que el Señor llama poseerán diferentes visiones para la iglesia, y se acercarán a su plantación de iglesias de diversas maneras. Ya sea que usted está plantando una iglesia en su propia cultura, o plantando una iglesia transcultural, tendrá que trazar su propio camino único, siendo informado por los principios presentados en este libro. Ya sea plantar una iglesia en su propia cultura (es decir, misión intra cultural), o enfrentando las complejidades relacionadas con la misión transcultural, hemos proporcionado notas y/o preguntas adicionales que le pedirá que considere aspectos relevantes a su oportunidad única de plantación de iglesias. Vamos a identificar estas notas e ideas en su propia sección titulada "Registro gráfico de tu propio camino". Estas secciones están escritas para indicarle a considerar cómo el material se relaciona con su visión y el trabajo en particular. Gastar un buen tiempo en

Fuente:
*Listos para la siega,*
págs. 11-23

reflexionar sobre los asuntos y preguntas tratadas en esta sección con el fin de obtener el máximo beneficio del material en cada sesión.

Cada una de las cinco sesiones sigue este patrón:

- *Adoración y devocional*: algunos devocionales están disponibles en línea (*www.tumi.org/churchplanting*) o puede enseñar su propio devocional.

- *Los temas de sesión y objetivos* le proporcionarán un marco general para la comprensión y beneficio de los elementos en cada sesión. En esta sección incluye una lista del concepto principal y objetivos de cada sesión, además de una escritura clave, un principio de la guerra espiritual, el principio fundamental de la plantación de iglesias, y una cita seleccionada que ayuda a iluminar la sesión y sus objetivos.

- *Seminario de enseñanza* sobre las ideas importantes que usted tendrá que considerar antes de discutir su plan de acción. Algunos de estos seminarios estarán disponibles como grabaciones de audio o vídeo en *www.tumi.org/churchplanting*. Muchos de los seminarios están apoyados por apéndices útiles que deben ser revisados cuidadosamente como parte del proceso de planificación. Cada seminario concluye con una lista de preguntas para la discusión en grupo.

- *Ejercicios de equipo* incluyen una lista de preguntas guía para ayudarle a traducir su discusión en metas concretas y pasos a seguir. Los ejercicios están diseñados para hacerlos juntos como un equipo plantador de la iglesia, no de forma individual o en forma aislada. Las preguntas se aplican a todo el equipo a menos que se indique lo contrario. Si todavía no se ha formado un equipo central (al menos otras 2 pero no más de 10), asegúrese de que lo haga antes de que inicie la Sesión Dos (La Sesión Uno puede ser útil en la definición de su visión para que pueda reclutar a un equipo central para que se una a usted).

  Hay ocho ejercicios de equipo en el libro, y cada ejercicio incluye cinco partes:

  - Directrices

  - Instrucciones

  - Preguntas para la discusión, trabajos de lectura, o las hojas de trabajo

  - Oración

  - Presentación del equipo

Fuente:
*Listos para la siega,*
págs. 11-23

Los ocho ejercicios se construyen progresivamente el uno del otro y están arreglados alrededor de las siglas PLANT (ver la tabla "Resumen de las fases de ejercicio para la Escuela de plantación de iglesias urbanas *Evangel* de *World Impact*" en las sesiones 2-5). La siguiente tabla muestra los ocho ejercicios en el orden en que aparecen.

| Sesión | Ejercicio de equipo |
|---|---|
| Sesión 1, Ejercicio de equipo #1 | Viendo el gran cuadro: Estableciendo el contexto |
| Sesión 1, Ejercicio de equipo #2 | Viendo el gran cuadro: Definiendo valores/visión |
| Sesión 2, Ejercicio de equipo #3 | Preparar: Ser la Iglesia |
| Sesión 3, Ejercicio de equipo #4 | Lanzar: Expandir la Iglesia |
| Sesión 4, Ejercicio de equipo #5 | Agrupar: Establecer la Iglesia |
| Sesión 4, Ejercicio de equipo #6 | Nutrir: Madurar la Iglesia |
| Sesión 5, Ejercicio de equipo #7 | Transicionar: Liberar la Iglesia |
| Sesión 5, Ejercicio de equipo #8 | Reuniendo todo: La cartilla de planificación del equipo |

- *Presentaciones*. Una de las actividades más útiles para su equipo es compartir con otros equipos de los resultados de la reflexión y el diálogo en conjunto. Cada sesión permite compartir con los demás algunos de sus más importantes conocimientos, preguntas y temas que han espigado juntos de su ejercicio de discusión de equipo. Sea abierto y atento durante esta actividad - sin lugar a dudas, algunas de las mejores ideas que se escucharán ¡no son necesariamente las que usted pensó! Permita que el Señor le dé nuevas ideas a través de los otros participantes del equipo.

- *Trazando su propio curso*. Ya sea que usted está plantando una iglesia dentro de su propia cultura, o dentro de una asociación o denominación y usted sabe cuál estructura, gobernabilidad, transición, y marco tendrá después de que se ha plantado la iglesia, esta sección está escrita especialmente para usted. Aquí encontrará las notas específicas de los pasos de acción o principios clave que usted debe tomar en cuenta mientras hace planes para comenzar el proceso de plantar una iglesia dentro de su propia

Fuente:
*Listos para la siega,*
págs. 11-23

cultura o comunidad. En esta sección se le pedirá que traiga sus propias preguntas, únicas y el contexto a producir en el material, para el máximo beneficio.

- *Otros recursos*: Aquí encontrará herramientas adicionales y recursos útiles (por ejemplo, bibliografías, materiales sugeridos) que pueden ser de utilidad para usted sobre la vida de la plantación de la iglesia.

- *Apéndices*: Al final de cada sesión, verá una lista de algunos artículos clave, gráficos y/o diagramas que están específicamente relacionados con los conceptos de la lección. Todos los apéndices se pueden encontrar en los volúmenes gratuitos relacionados con esta guía titulada *Plantando Iglesias entre los pobres de la ciudad: Una antología de recursos de plantación de iglesias urbanas, volúmenes I y II*. Tenga en cuenta: **Estos libros de referencia son esenciales con el fin de recibir el máximo beneficio de esta guía. Ellos deben ser comprados y utilizados como un conjunto.**

Por esta razón, estos libros se ofrecen con esta guía en la tienda de TUMI [*www.tumistore.org*] con un descuento, aunque cada libro también se pueden comprar por separado. Por favor asegúrese de que tenga copias de la antología a la mano para los diversos seminarios, ejercicios y discusiones que componen el trabajo de cada sesión.

Los apéndices están disponibles al final de cada sesión, lo que ayuda tanto a clarificar e iluminar los conceptos y los temas cubiertos en el material. No se alarme si usted ve los mismos apéndices que se hace referencia en las diferentes sesiones. ¡Esto fue hecho a propósito! Si ciertos conceptos necesitan ser reiterados, subrayados, o re-enfatizados, pueden aparecer varias veces a lo largo del manual. Ciertos conceptos son tan fundamentales que exigirán múltiples revisadas, diálogos y consideraciones. Haga todo lo posible para pensar a través de los materiales con el fin de traer las lecciones clave de cada sesión en un mayor enfoque, es decir, aquellos conceptos difíciles que usted y sus compañeros de equipo tendrá que dominar a lo largo de su viaje de plantación de iglesias.

### Preparación y entrenamiento con *Listos para la siega*
Este libro está diseñado para ser mejor utilizado en conjunto con la Escuela de plantación de iglesias urbanas *Evangel*. Varios asuntos se deben destacar con respecto a los materiales, tanto en Listos para la siega y su texto complementario, *Plantando Iglesias entre los pobres de la ciudad*.

Fuente:
*Listos para la siega,*
págs. 11-23

El primer asunto es sobre **las designaciones y los términos**. Ya que Plantando Iglesias entre los pobres de la ciudad es esencialmente una antología, hemos tratado de preservar nuestros documentos anteriores en su forma original, y no volver a través de los documentos y revisar el lenguaje utilizado en nuestras primeras escuelas. Esto no es una dificultad importante, sin embargo, ya que si bien se utilizan diferentes términos que nuestras escuelas anteriores, hemos mantenido las mismas funciones para las posiciones. Dos términos deben ser definidos:

- En los materiales anteriores, el término utilizado para el supervisor de plantación de iglesias o mentor a quien informó o se recibe el aporte de llamada fue un *líder de equipo múltiple* o *LEM*. Ahora, en este volumen y en nuestras escuelas, nos referimos a este papel como *entrenador*. Todas las referencias a *LEM* o *líder de equipo múltiple* de este volumen o en *Plantando Iglesias entre los pobres de la ciudad* deben entenderse ahora como *entrenador*.

- Además, en las escuelas anteriores hemos utilizado el término *líder de equipo* a la persona a cargo del trabajo de equipo plantador de la iglesia y la plantación de la iglesia. Ahora, nos referimos a la persona que cumple este papel como el *plantador de iglesias*.

En términos de lenguaje, entonces, por favor, recuerde que cuando se involucran materiales en la Antología que citan *LEM* o *Líder de equipo múltiple*, ahora deben ser entendidos como términos equivalentes a entrenador, y, la designación *Líder de Equipo* es equivalente ahora a la designación del *Plantador de la iglesia*.

El segundo asunto se refiere a *los diversos usos y aplicaciones* de *Listos para la siega* en el contexto de la formación y entrenamiento de los plantadores de la iglesia. Las Escuelas *Evangel* se ofrecen en todo el mundo en relación con las denominaciones, organizaciones, iglesias y/o satélites del *The Urban Ministry Institute* (TUMI). Para obtener una lista de escuelas regulares, por favor vaya a *www.tumi.org/churchplanting*. Entrenadores, mentores, y los plantadores pueden utilizar Listos para la siega para la formación de la plantación de la iglesia de varias maneras.

Para empezar, el modo normal de utilización de esta guía será un plantador y su equipo asistiendo a una sesión de entrenamiento de la Escuela *Evangel* patrocinada localmente. Los ejercicios están diseñados para los plantadores y sus equipos para reflexionar sobre los devocionales, la enseñanza seminario, y luego responder a las preguntas en un diálogo abierto. Esto se hace para darles la oportunidad de aclarar sus propias estrategias y enfoques únicos a medida que planifican a cabo su participación en una comunidad o un grupo de personas, para plantar una iglesia.

Fuente:
*Listos para la siega,*
págs. 11-23

Además de asistir a una Escuela *Evangel*, un grupo de nuevos plantadores de iglesias puede decidir trabajar a través de este libro bajo la guía de un entrenador plantador de iglesia. Aquellos que utilizan *Listos para la siega* de este modo sería un ejemplo de una "coerción de plantación de iglesias". La coerción puede ser patrocinada por una denominación, un grupo de plantación de iglesias, o una Asociación de Iglesias Urbanas (*UCA* siglas en inglés).

Una tercera forma en que el libro podría ser utilizado es en un contexto "uno-a-uno". Un plantador de iglesias y un entrenador plantador de iglesias puede decidir trabajar a través de este libro juntos haciendo los ejercicios en un formato de uno-a-uno. El formato de uno-a-uno todavía asume que el plantador de iglesias tiene un equipo central que participa en el proceso, pero permite que el plantador de iglesias y el entrenador de la plantación de la iglesia trabaje a través de los ejercicios de equipo y el proceso de PLANT en una línea de tiempo que funcione mejor para su equipo individual.

En última instancia, es el iniciador de iglesias que se encarga de dirigir el equipo de plantación de iglesia a través de los ejercicios de la guía. Sin embargo, nuestro trabajo con cientos de nuevas iglesias urbanas nos ha convencido de que cada Timoteo necesita un Pablo. Le animamos a invitar a una persona de confianza a servir como un *entrenador* a lo largo de su proceso de planificación. Un entrenador puede proporcionarle aliento permanente y desafío, le da un asesoramiento objetivo, le ayuda cuando se queda atascado, y sostiene que responder de sus fechas límite, según Dios le dirija.

Incluso si el uso de este libro en el formato de uno-a-uno, le sugerimos que como plantador de iglesias y/o equipo de plantación de iglesia prepare presentaciones periódicamente para su entrenador para revisión y comentarios. Naturalmente, podría preparar algo como un resumen de la presentación para cada etapa de su plantación de iglesias, que proporcione una imagen clara de su planificación para la próxima fase. Las presentaciones son una buena manera de asegurarse de que está haciendo sus planes lo suficientemente concretos para ser ejecutados.

A continuación se ofrece una muestra representativa de los tipos de preguntas que un entrenador puede considerar en sus actividades de entrenamiento y el proceso con un plantador de iglesias y su equipo:

- ¿Cómo están los miembros del equipo en su relación con Dios? ¿Están regularmente practicando sus disciplinas espirituales fundamentales?

Fuente:
*Listos para la siega,*
págs. 11-23

- ¿Cómo son las relaciones de los miembros del equipo con los demás?

- ¿Cómo es la comunicación? ¿Se escuchan el uno al otro? ¿Están siendo escuchados cada uno?

- ¿Hay suficiente consenso dentro del equipo?

- ¿Son capaces de resolver los problemas a medida que surgen?

- ¿Comprenden el proceso de PTR (preparar / trabajar / revisar)? ¿Se observan indicios de que serán capaces de flexionar y ajustar su plan en un momento posterior?

- ¿Han considerado todos los puntos relevantes?

- ¿Serán capaces de aplicar sus planes?

- ¿Son enseñables y abiertos al Señor, al líder, y unos a otros?

- ¿Entienden los ejercicios y los completan de manera satisfactoria?

- ¿Hay un fuerte liderazgo?

- ¿Está el equipo y sus miembros sopesando sus decisiones a la luz de la guía del Espíritu Santo y los principios de la Escritura?

**Obteniendo nuestro "Juego de herramientas de plantador de iglesias"**
Además de la guía y los textos de la antología, hemos elaborado un "juego" de recursos para los plantadores de iglesias y sus equipos que ofrecen una amplia gama de herramientas esenciales que cada plantador de iglesias o equipo debe poseer en su preparación y comenzar su trabajo para plantar una iglesia en la comunidad que Dios les ha llamado. Si es posible, obtener el juego de herramientas y familiarizarse con estos materiales *antes* de participar en las sesiones incluidas en esta guía.

(Nota: En la tienda de TUMI [*www.tumistore.org*], hemos puesto un precio asequible a este juego [el juego incluye cada una de las siguientes opciones] ¡para que pueda obtener todos juntos, con un descuento)

- *Listos para la siega.* La guía de recursos fundamentales para la Escuela de plantación de iglesias urbanas *Evangel*

- *Plantando iglesias entre los pobres de la ciudad: Una antología de recursos de plantación de iglesias urbanas, Volúmenes I y II.* Una lista exhaustiva y esencial de los documentos, diagramas e ideas históricas de *World Impact* sobre los asuntos y oportunidades asociadas con la plantación de iglesias urbanas trans-culturales entre los urbanos pobres.

- *Jesús recortado de la imagen: Por qué se aburren los cristianos y cómo restaurarlos hacia una fe vibrante.* Un análisis perspicaz de

Fuente:
*Listos para la siega*,
págs. 11-23

las razones detrás de la desaparición de la iglesia evangélica americana, y cómo arreglarlo.

- *Raíces Sagradas: Un tratado sobre la necesidad de recuperar la Gran Tradición.* Se trata de una introducción informativa al poder de la espiritualidad compartida de la iglesia antigua, y cómo un retorno a esas raíces puede transformar la iglesia contemporánea.

- *Pelea la buena batalla de la fe.* Una introducción clara, concisa y bíblica a las primeras verdades de la fe cristiana (y el currículo oficial de TUMI antes de Piedra Angular). Está diseñado especialmente para los nuevos cristianos y les ayuda a entender lo que la Biblia dice acerca de participar en la gran historia de Dios a través de nueve lecciones integradas del libro de Efesios.

- *La empresa heroica: Una parábola de administración de proyectos.* Un manual sobre cómo planificar, implementar y dirigir proyectos ministeriales importantes, usando lecciones extraídas de la expedición de Lewis y Clark para ayudarnos a trazar el camino.

- *Administración de proyectos para el ministerio.* Un libro de texto del curso de TUMI, este manual práctico explica las actividades específicas en el diseño, implementación, control y finalización de proyectos efectivos de ministerio – hecho a tiempo, dentro del presupuesto y según las especificaciones. Por favor visite *www.tumistore.org* para saber la disponibilidad en español.

- *Anuario de Raíces Sagradas de TUMI.* Una guía devocional temática anual que emplea el año cristiano y un tema anual para ayudar a los discípulos a caminar en la espiritualidad compartida como un cuerpo juntos. Por favor visite *www.tumistore.org* para saber la disponibilidad en español.

- *El calendario del año de la iglesia.* Una herramienta basada en el año cristiano para ayudar a los creyentes a caminar juntos durante todo el año enfocado en la vida y el ministerio de Cristo. Por favor visite *www.tumistore.org* para saber la disponibilidad en español.

- *La guía de la red SIAFU*: Una guía de un solo paso sobre cómo movilizar a hombres y mujeres en la iglesia local para la misión a su comunidad y el ministerio entre ellos.

- *La guía de reuniones capitulares de la red SIAFU*: Una guía práctica para mostrarle cómo organizar y conducir sus reuniones del capítulo de SIAFU para que sus miembros se sientan bienvenidos, refrescados y animados mientras adoran, testifican y se desafían en Cristo.

- *¡Levántese Dios!* El título más largo de este libro explica un poco más sobre su contenido: *Levántese Dios: Un llamado soberano a la*

Fuente:
*Listos para la siega,*
págs. 11-23

*oración predominante por un despertar espiritual dinámico y el avance agresivo del Reino en las ciudades interinas de norteamérica.* Este breve folleto explica las razones por las cuales cada iglesia urbana local necesita estar profundamente comprometida con la oración. Por favor visite *www.tumistore.org* para saber de la disponibilidad en español.

Además de los excelentes recursos de este kit, también recomendamos las siguientes herramientas que proporcionan una visión útil en su acercamiento a la comunidad, discipular a los fieles y capacitar a los líderes emergentes según Dios los surja:

- *Haciendo ruidos alegres: Dominando los fundamentos de la música.* Una cartilla sobre la teoría de la música y la conducción efectiva de la dirección de adoración. Por favor visite *www.tumistore.org* para saber de la disponibilidad en español.

- *Visión para la misión: Nutriendo un corazón apostólico.* Este curso de ocho sesiones describe el corazón de un plantador de iglesias visto a través de la lente de los hombres que "pusieron de cabeza al mundo". Es parte de la serie Fundamentos para el ministerio de TUMI y disponible a través de los satélites locales TUMI o en línea en *www.tumistore.org.* Por favor visite *www.tumistore.org* para saber de la disponibilidad en español.

- *Enfoque en la Reproducción, Módulo 12, Currículo Piedra Angular.* Este estudio de ocho sesiones sobre la plantación de iglesias urbanas es el módulo 12 de 16 en el *Currículo Piedra Angular* de TUMI. Los otros tres módulos en la serie de misión urbana del *Currículo Piedra Angular* también proporcionan recursos vitales para plantadores de iglesias urbanas (por ejemplo, entrenamiento en guerra espiritual, evangelización, misión a los pobres, teología de la ciudad, ministerios de misericordia, etc.) y están disponibles a través de los satélites locales de TUMI o en línea en *www.tumistore.org.*

- *Ganando el mundo: Facilitando movimientos de plantación de iglesias urbanas.* Este estudio de ocho sesiones sobre movimientos de plantación de iglesias es parte de la *Serie de fundamentos para el ministerio* de TUMI. Proporciona un panorama general importante de lo que el Espíritu Santo está haciendo en todo el mundo a través de los movimientos de plantación de iglesias. Anima a los plantadores de iglesias y a los plantadores de iglesias a hacer un cambio de paradigma, desde centrarse en plantación de iglesias individuales hasta movimientos de plantación de iglesias. Este curso está disponible a través de los satélites locales

Fuente:
*Listos para la siega,*
págs. 11-23

de TUMI y en *www.tumistore.org* y en *www.biblicaltraining.org*. Por favor visite *www.tumistore.org* para saber de la disponibilidad en español.

- *Asuntos de la Iglesia: Recuperando la Gran Tradición.* Este estudio de ocho sesiones forma parte de la *Serie de fundamentos para el ministerio* de TUMI. Proporciona una visión general de la historia de la Iglesia y de su Gran Tradición, que es un contexto esencial para cualquier plantador de iglesias que no esté familiarizado con la "Historia de la familia" de la Iglesia. Este curso está disponible a través de los satélites locales de TUMI y en *www.tumistore.org*. Por favor visite *www.tumistore.org* para saber de la disponibilidad en español.

- *Marcando el tiempo: Formando espiritualidad a través del Año Cristiano.* Este estudio de ocho sesiones forma parte de la *Serie de fundamentos para el ministerio* de TUMI. Proporciona una estrategia para el discipulado y espiritualidad compartida en la iglesia usando el año cristiano. Para los plantadores de iglesias que nunca han considerado su teología del tiempo, este curso es absolutamente esencial. Introduce un sistema simple y reproducible para el discipulado, la predicación y la formación espiritual obtenidos del ejemplo de la iglesia primitiva – una iglesia compuesta principalmente por los pobres urbanos. Este curso está disponible a través de los satélites locales TUMI y en *www.tumistore.org*. Por favor visite *www.tumistore.org* para saber de la disponibilidad en español.

- *Multiplicando obreros para la cosecha urbana: Cambiando el paradigma para la educación de liderazgo de servicio.* Cada plantador de iglesias debe descubrir cómo desarrollar nuevos líderes y *The Urban Ministry Institute (TUMI)* fue fundado en 1995 para ayudar a los plantadores de iglesias con esta tarea. Multiplicando obreros es un libro que establece un sistema para que cada iglesia local o red de iglesias locales pueda proporcionar excelente formación teológica para los líderes en su propio contexto ministerial. En el 2015, más de doscientas iglesias urbanas y ministerios urbanos han lanzado campos satelitales para capacitar a sus líderes. Este libro está disponible en www.tumistore.org.

## Suministros para el viaje: *www.tumi.org*

Entre otras cosas, *The Urban Ministry Institute* (TUMI) diseña y produce recursos para la misión urbana, específicamente para la plantación y la multiplicación de iglesias, y la capacitación de movimientos de iglesia, especialmente entre los pobres. Por ejemplo, además del folleto, *¡Levántese Dios!*, se encuentra en nuestro sitio una gran cantidad de recursos para

Fuente:
*Listos para la siega,*
págs. 11-23

ayudar a sentar las bases de la plantación de la iglesia en oración a través de la colección más grande de *¡Levántese Dios!* Recursos de oración. Hay una constelación de recursos disponibles para la evangelización, el equipamiento, y la autonomía (véase especialmente el *Master the Bible System* [Sistema Domina la Biblia] y los Recursos de SIAFU).

Tal vez el recurso más importante disponible para su nueva plantación de la iglesia es el plan de estudios de dieciséis módulos *Capstone* [Piedra Angular]. Los dieciséis módulos proporcionan formación a nivel de seminario de calidad para sus miembros del equipo plantador de la iglesia y líderes emergentes. Una iglesia en el área de Los Ángeles ha capacitado a más de un centenar de líderes y ha plantado veinte iglesias en cinco países usando el programa *Capstone* [Piedra Angular] como su herramienta principal para el desarrollo de liderazgo. Si su plantación de la iglesia está interesada en lanzar su propio centro de formación es posible que desee considerar la posibilidad de lanzar un satélite de TUMI en su iglesia en algún momento en el proceso de la plantación. En resumen, asegúrese de navegar por nuestro sitio y familiarizarse con los muchos recursos útiles para la plantación de iglesias y la vida de la iglesia en *www.tumi.org/churchplanting*.

Hemos registrado los vídeos para cada Sesión Seminario, los cuales están disponibles, ya sea para su visualización o descarga en la siguiente página en la red *www.tumi.org/churchplanting*. Nuestra intención es hacer que estos materiales de plantación de iglesias estén a disposición del público lo más amplio posible, proveer a los individuos, las denominaciones, iglesias locales, asociaciones de iglesias urbanas (AIU), organizaciones y grupos de misiones con la calidad, materiales transparentes que puedan equipar a una nueva generación de fundadores de iglesias que puedan levantar puestos de avanzada en las comunidades más peligrosas y menos habilitadas en los Estados Unidos y en todo el mundo. Suponemos que su interés en esta guía y su antología revela compartir esta pasión, este ADN de plantación de iglesias y visión.

### Una visión para nuestro tiempo

Por favor, sepa, que nuestro fin singular es encontrar la manera de equipar, animar, y proveer recursos a todos los que podamos con el tipo de formación y herramientas que hacen que la plantación de iglesias entre los pobres un ministerio constante y efectivo en los próximos años. Siempre estamos abiertos a sus comentarios y sugerencias, así que por favor, no dude en ponerse en contacto con nosotros – si desea asociarse o enlazar brazos con nosotros mientras nos esforzamos por levantar puestos de avanzada del Reino en las comunidades más necesitadas de la tierra.

Fuente:
*Listos para la siega,*
págs. 11-23

Inmediatamente después de su encuentro con la samaritana, ella corrió a la ciudad y dijo a la gente que había encontrado a un hombre que le había dicho todo lo que había hecho. Sin duda, dijo, ¡este debe ser el Cristo! Mientras tanto, los discípulos regresaron de su misión para conseguir comida, y le instaron a comer. Jesús les dijo que su comida era hacer la voluntad de Dios y que acabara su obra. Entonces él respondió: ¿No decís vosotros: "Todavía faltan cuatro meses, y después viene la siega"? He aquí, yo os digo: Alzad vuestros ojos y ved los campos que ya están blancos para la siega. (Juan 4:35 LBLA). El nombre de esta guía se deriva de esta declaración de nuestro Señor. Hemos levantado los ojos en los no alcanzados pobres de las ciudades, y saber que los campos están totalmente maduros, listos para la cosecha. Es en el espíritu de esta disposición que escribimos este volumen, escrito para los que ven los campos maduros y están listos para plantar iglesias saludables entre los pobres de las ciudades del mundo.

Recuerde lo que dijo el Señor de los millones que mueren, una palabra que todavía le queda a los pobres urbanos de hoy:

> Mateo 9:35-38 (LBLA) – Y Jesús recorría todas las ciudades y aldeas, enseñando en las sinagogas de ellos, proclamando el evangelio del reino y sanando toda enfermedad y toda dolencia. Y viendo las multitudes, tuvo compasión de ellas, porque estaban angustiadas y abatidas como ovejas que no tienen pastor. Entonces dijo a sus discípulos: La mies es mucha, pero los obreros pocos. Por tanto, rogad al Señor de la mies que envíe obreros a su mies.

Que el Señor envíe obreros a su mies, entre los pueblos pobres urbanos de este mundo, y que su Reino avance entre ellos, para la gloria de Dios. Estamos convencidos de que Dios nos va a sorprender, mientras trabaja en su nombre, en lugares que aún tienen que experimentar su gracia salvadora y amor.

Rev. Don Allsman, Los Ángeles, CA

Rev. Dr. Hank Voss, Los Ángeles, CA

Rev. Dr. Don L. Davis, Wichita, KS

# Introducción
## Raíces sagradas, plantación de iglesias, y la Gran Tradición

### Raíces sagradas, plantación de iglesias, y la Gran Tradición

*Este ensayo fue titulado anteriormente "En el futuro, mirando hacia atrás: Hacia una recuperación evangélica de la Gran Tradición" por Don L. Davis (Wichita: TUMI Press, 2008). Estamos insertando aquí como una buena introducción a esta guía, ya que explica de forma concisa la importancia fundamental de volver a descubrir las raíces de nuestra fe en nuestra teología, adoración, discipulado y misión. Estamos convencidos de que hay que situar nuestra actividad de evangelización, discipulado, plantación de iglesias, y la misión en el contexto de lo que la Iglesia ha hecho y cree – siempre, en todas partes y por todos nosotros. Como plantadores de iglesias debemos redescubrir la fe apostólica, contextualizarla entre determinados grupos de personas, y luego entrenarlos para expresar culturalmente esa fe de una manera que defiende, extiende, y encarna la única y verdadera fe que la Iglesia siempre ha sostenido. Para aquellos de nosotros que anhelan ver las Buenas Nuevas cobrar vida en los lugares donde Jesús nunca se ha conocido (es decir, pobres urbanos del mundo), este mensaje es esencial para recordar – y volver a aprender. A medida que avanzamos a través de las etapas de plantación de iglesias entre los pobres de la ciudad, hay que estar al tanto de estos puntos de vista, y tratar de implementarlas en todas las facetas de nuestro alcance y potenciación.*

### El redescubrimiento de la "Gran Tradición"

En un librito maravilloso, Ola Tjorhom,[1] describe la Gran Tradición de la Iglesia (algunas veces llamada la "tradición cristiana clásica") como "vívida, orgánica y dinámica".[2] La Gran Tradición representa esa fe cristiana y práctica, evangélica, apostólica, y católica que entró en gran medida a buen término en los años 100-500 AD.[3] Su rico legado y tesoros representan la confesión de lo que la Iglesia siempre ha creído, la adoración antigua, una iglesia indivisible que celebra y se materializa, y la misión que la abrazó y se comprometió.

Mientras que la Gran Tradición no puede ni sustituye la Tradición Apostólica (es decir, la fuente autorizada de toda la fe cristiana, las Escrituras), ni debe opacar la presencia viva de Cristo en la Iglesia por medio del Espíritu Santo, sigue siendo autorizada y revitalizante para el pueblo de Dios. Tiene y puede proporcionar al pueblo de Dios a través del tiempo con la sustancia de su confesión y fe. La Gran Tradición ha sido acogida y afirmada como autorizada por católicos, ortodoxos, anglicanos y teólogos protestantes, los antiguos y modernos, ya que ha producido los documentos seminales, las doctrinas, las confesiones, y

Fuente:
*Listos para la siega,*
págs. 25-30

las prácticas de la Iglesia (por ejemplo, el canon de las Escrituras , las doctrinas de la Trinidad, la deidad de Cristo, etc.).

Muchos eruditos evangélicos hoy en día creen que el camino a seguir para la fe dinámica y renovación espiritual implicará mirando hacia atrás, no con anhelos sentimentales para los "buenos viejos tiempos" de una prístina, un Iglesia primitiva libre de problemas, o un intento ingenuo e incluso inútil de imitar su heroica jornada de fe. Por el contrario, con una mirada crítica a la historia, con espíritu devoto de respeto por la Iglesia antigua, y un profundo compromiso con la Escritura, debemos redescubrir a través de la Gran Tradición las semillas de una fe nueva y auténtica, y con poder. Podemos ser transformados al consultar y estamos informados por las creencias y prácticas de la Iglesia antes de las divisiones horribles y fragmentaciones de la historia de la Iglesia.

Pues bien, si hacemos creer que deberíamos al menos mirar de nuevo a la Iglesia primitiva y su vida, o mejor aún, estar convencidos, incluso de recuperar la Gran Tradición en aras de la renovación de la Iglesia, ¿qué es exactamente lo que esperábamos que retorne? ¿Tenemos que aceptar sin crítica todo lo que la antigua Iglesia dijo e hizo como "evangelio", para ser sinceros, simplemente porque está más cerca de los increíbles acontecimientos de Jesús de Nazaret en el mundo? ¿Está al "día" en y por sí misma?

No. Nosotros no aceptamos todas las cosas de manera acrítica, ni creemos que lo antiguo, de por sí, es realmente bueno. La verdad para nosotros es más que ideas o reclamaciones antiguas; para nosotros, la verdad se encarna en la persona de Jesús de Nazaret, y las Escrituras dan reivindicación autorizada y final para el significado de su revelación y salvación en la historia. No podemos aceptar las cosas simplemente porque se reportan haber sido hechas en el pasado, o iniciado en el pasado. Sorprendentemente, la Gran Tradición en sí argumenta para nosotros ser crítica, para contender por la fe una vez dada a los santos (Judas 3), para abrazar y celebrar la tradición recibida de los Apóstoles, arraigada e interpretada por las Santas Escrituras mismas, y expresada en la confesión y la práctica cristiana.

### Las dimensiones principales de la Gran Tradición
Mientras Tjorhom, ofrece su propia lista de diez elementos del contenido teológico de la Gran Tradición que él cree que es digno de reinterpretación y sentido,[4] creo que hay siete dimensiones que, desde el punto de vista bíblico y espiritual, nos permiten entender lo que la Iglesia primitiva creía, la forma en que adoraban y vivían, y las formas en las que defendían su fe viva en Jesucristo. A través de su lealtad a los documentos, confesiones, y prácticas de este período, la antigua Iglesia ha dado testimonio de la promesa de salvación de Dios en medio de una generación maligna

Fuente:
*Listos para la siega,*
págs. 25-30

y pagana. El núcleo de nuestra fe y práctica actual se desarrolló en esta época, y merece una segunda mirada (y vigésima segunda).

La adaptación, disociación de datos, y extensión de las nociones de la Gran Tradición de Tjorhom, enumero aquí lo que considero, como punto de partida, una simple enumeración de las dimensiones críticas que merecen toda nuestra atención indivisible y recuperación de todo corazón.

**La Tradición Apostólica.** La Gran Tradición está enraizada en la tradición apostólica, es decir, el testimonio de los testigos de los apóstoles y la experiencia de primera mano de Jesús de Nazaret, su testimonio autorizado de su vida y obra relatada en las Sagradas Escrituras, el canon de nuestra Biblia hoy. La Iglesia es apostólica, construida sobre la base de los profetas y los apóstoles, con Cristo mismo siendo la piedra angular. Las Escrituras mismas representan la fuente de nuestra interpretación acerca del Reino de Dios, esa historia de amor redentor de Dios encarnado en la promesa a Abraham y los patriarcas, de los pactos y experiencia de Israel, y que culmina en la revelación de Dios en Cristo Jesús, tal como se predijo en los profetas y explicada en el testimonio apostólico.

**Los concilios ecuménicos y credos, especialmente el Credo de Nicea.** La Gran Tradición declara la verdad y establece los límites de la fe ortodoxa histórica como se define y se afirma en los credos ecuménicos de la Iglesia antigua y sin divisiones, con especial énfasis en el Credo de Nicea. Se tomaron sus declaraciones al ser una interpretación precisa y comentario de las enseñanzas de los apóstoles en la Escritura. Aunque no es la fuente de la propia fe, la confesión de los concilios ecuménicos y credos representa la esencia de sus enseñanzas,[5] especialmente los de antes del siglo V (donde prácticamente todas las doctrinas elementales acerca de Dios, de Cristo y la salvación se articulan y se abrazaron).[6]

**La antigua regla de la fe.** La Gran Tradición abrazó el fondo de este núcleo de la fe cristiana en una regla, es decir, una regla estándar antigua de la fe, que se considera que es el criterio por el que se cobran y se proponen con respecto al análisis de la interpretación de la fe bíblica. Esta regla, cuando se aplica con respeto y rigor, puede permitir claramente que definamos el núcleo de la confesión cristiana de la Iglesia antigua y no dividida claramente expresado en la instrucción y el dicho de Vicente de Lerins: "lo que siempre se ha creído, en todas partes y por todos".[7]

**La visión del mundo de *Christus Victor.*** La Gran Tradición celebra y afirma Jesús de Nazaret como el Cristo, el Mesías prometido de las escrituras Hebreas, el Señor resucitado y exaltado, y cabeza de la Iglesia. En Jesús de Nazaret solo, Dios ha reafirmado su reinado sobre el universo, después de haber destruido la muerte con su muerte, conquistando a los

Fuente:
*Listos para la siega,*
págs. 25-30

enemigos de Dios a través de su encarnación, muerte, resurrección y ascensión, y rescate de la humanidad de su pena debido a su transgresión de la Ley. Ahora resucitado de entre los muertos, ascendido y exaltado a la diestra de Dios, ha enviado el Espíritu Santo al mundo para capacitar a la Iglesia en su vida y testimonio. La Iglesia se ha de considerar como el pueblo de la victoria de Cristo. A su regreso, se va a consumar su obra como Señor. Esta visión del mundo se expresa en la Iglesia antigua confesión, predicación, adoración y testimonio. Hoy en día, a través de su liturgia y práctica del Año de la Iglesia, la Iglesia reconoce, celebra, encarna y proclama esta victoria de Cristo: la destrucción del pecado y del mal y la restauración de toda la creación.

**La centralidad de la Iglesia.** La Gran Tradición confesó con confianza la Iglesia como pueblo de Dios. La fiel asamblea de creyentes, bajo la autoridad del Pastor Cristo Jesús, es ahora el lugar y agente del Reino de Dios en la tierra. En su adoración, compañerismo, enseñanza, servicio y testimonio, Cristo sigue viviendo y moviéndose. La Gran Tradición insiste en que la Iglesia, bajo la autoridad de sus sub-pastores y la totalidad del sacerdocio de los creyentes, es visiblemente la morada de Dios en el Espíritu en el mundo actual. Con Cristo mismo siendo la piedra angular principal, la Iglesia es la familia de Dios, el cuerpo de Cristo y el templo del Espíritu Santo. Todos los creyentes, vivos, muertos y aún no nacidos, constituyen la comunidad única, santa, católica (universal) y apostólica. Reuniéndose regularmente en la asamblea creyente, los miembros de la Iglesia se reúnen localmente para adorar a Dios a través de la Palabra y el sacramento, y para dar testimonio en sus buenas obras y proclamación del Evangelio. Incorporando nuevos creyentes a la Iglesia a través del bautismo, la Iglesia encarna la vida del Reino en su comunión y demuestra en palabra y acción la realidad del Reino de Dios a través de su vida juntos y servicio al mundo.

**La unidad de la fe.** La Gran Tradición afirma inequívocamente la catolicidad de la Iglesia de Jesucristo, en cuanto se refiere a mantener la comunión y la continuidad con el culto y la teología de la Iglesia a lo largo de los siglos (Iglesia universal). Puesto que ha habido y sólo puede haber una esperanza, un llamado, y fe, la Gran Tradición luchó y se esforzó por la unidad en la palabra, en la doctrina, en la adoración, en la caridad.

**El mandato evangélico del Cristo resucitado.** La Gran Tradición afirma el mandato apostólico de dar a conocer a las naciones la victoria de Dios en Jesucristo, proclamando la salvación por gracia mediante la fe en su nombre e invitando a todos los pueblos al arrepentimiento y a la fe para entrar en el Reino de Dios. A través de actos de justicia e integridad, la Iglesia muestra la vida del Reino en el mundo de hoy, y por medio de su predicación y vida proporciona un testimonio y una señal del Reino presente en y por el mundo (*sacramentum mundi*), y como pilar de la

Fuente:
*Listos para la siega,*
págs. 25-30

verdad. Como evidencia del Reino de Dios y guardianes de la Palabra de Dios, la Iglesia se encarga de definir claramente y defender la fe una vez por todas entregada a la Iglesia por los apóstoles.

### Conclusión: Buscando nuestro futuro mirando hacia atrás

En un tiempo en que tantos se confunden por el caos ruidoso de tantos que dicen hablar por Dios, es hora de redescubrir las raíces de nuestra fe, volver al principio de la confesión y práctica cristiana y ver, si de hecho, podemos recuperar nuestra identidad en el torrente de la adoración a Cristo y el discipulado que cambió el mundo. A mi juicio, esto puede hacerse a través de una apropiación crítica y evangélica de la Gran Tradición, esa creencia y práctica central que es la fuente de todas nuestras tradiciones, ya sean católicas, ortodoxas, anglicanas o protestantes.

Por supuesto, las tradiciones específicas seguirán tratando de expresar y vivir su compromiso con la Tradición Autorizada (es decir, las Escrituras) y la Gran Tradición a través de su adoración, enseñanza y servicio. Nuestras diversas tradiciones cristianas, cuando están enraizadas y expresadas desde la enseñanza de la Escritura y dirigidas por el Espíritu Santo, seguirán haciendo que el Evangelio sea claro dentro de nuevas culturas o subculturas, hablando y modelando la esperanza de Cristo en nuevas situaciones formadas por su propio conjunto de preguntas planteadas a la luz de sus propias circunstancias únicas. Nuestras tradiciones son esencialmente movimientos de contextualización, es decir, son intentos de hacer clara dentro de los grupos de personas la Tradición Autorizada de una manera que les lleva fiel y efectivamente a la fe en Jesucristo.

Debemos, por lo tanto, encontrar formas de enriquecer nuestras tradiciones contemporáneas, reconectando e integrando nuestras confesiones y prácticas contemporáneas con la Gran Tradición. No olvidemos nunca que el cristianismo, en su esencia, es un testigo fiel de los actos salvíficos de Dios en la historia. Como tal, seremos siempre un pueblo que busca encontrar nuestro futuro mirando hacia atrás a través del tiempo en esos momentos de revelación y acción donde la Regla de Dios se hizo evidente a través de la encarnación, la pasión, la resurrección, la ascensión y la próxima venida de Cristo. Recordemos, celebremos, actuemos, aprendamos de nuevo y proclamemos apasionadamente lo que los creyentes han confesado desde la mañana de la tumba vacía: la historia salvífica de la promesa de Dios en Jesús de Nazaret de redimir y salvar a un pueblo para sí mismo.

### Notas al final del capítulo

1   Ola Tjorhom, *Visible Church–Visible Unity: Ecumenical Ecclesiology and "The Great Tradition of the Church."* [Eclesiología Ecuménica y "La Gran Tradición de la Iglesia"] Collegeville, Minnesota: Liturgical Press, 2004. Robert Webber definió la Gran Tradición de esta manera: "[Es] el esquema general de la creencia y la práctica

Fuente:
*Listos para la siega,*
págs. 25-30

cristiana desarrollada a partir de las Escrituras entre el tiempo de Cristo y la mitad del siglo V." Robert E. Webber, *The Majestic Tapestry* [El tapiz mágico]. Nashville: Thomas Nelson Publishers, 1986, pág. 10.

2   Ibid., pág. 35.

3   El núcleo de la Gran Tradición se centra en las formulaciones, confesiones y prácticas de los primeros cinco siglos de vida y obra de la Iglesia. Thomas Oden, a mi juicio, afirma con razón que ". . . . La mayor parte de lo que es valioso en la exégesis bíblica contemporánea se descubrió en el siglo V "(véase Thomas C. Oden, *The Word of Life* [La palbra de vida]. San Francisco: HarperSanFrancisco, 1989, pág. xi.).

4   Ibid., págs. 27-29. Los diez elementos de Tjorhom se argumentan en el contexto de su trabajo donde él también aboga por los elementos estructurales y las implicaciones ecuménicas de recuperar la Gran Tradición. Estoy totalmente de acuerdo con el argumento general de su argumento, que, como mi propia creencia, afirma que el interés y el estudio de la Gran Tradición pueden renovar y enriquecer a la Iglesia contemporánea en su adoración, servicio y misión.

5   Estoy en deuda con el fallecido Dr. Robert E. Webber por esta útil distinción entre la fuente y la sustancia de la fe e interpretación cristianas.

6   Mientras que los siete concilios ecuménicos (junto con otros) son afirmados tanto por las comuniones católicas y ortodoxas como vinculantes, son los primeros cuatro Concilios los que deben ser considerados las confesiones críticas, más esenciales de la Iglesia antigua e indivisa. Su servidor y otros defendemos esto en gran parte porque los cuatro primeros articulan y establecen de una vez por todas lo que debe considerar nuestra fe ortodoxa en las doctrinas de la Trinidad y la Encarnación (véase Philip Schaff, *The Creeds of Christendom* [Los credos de la cristiandad], v. 1. Grand Rapids: Baker Book House, 1996, pág. 44). Del mismo modo, incluso los reformadores magistrales abrazaron la enseñanza de la Gran Tradición, y sostuvieron sus confesiones más significativas como autoritativas. Correspondientemente, Calvino podría argumentar en sus propias interpretaciones teológicas que "Así los consejos llegarían a tener la majestad debida; sin embargo, mientras tanto la Escritura se destacaría en el lugar más alto, con todo tema a su estándar. De esta manera, abrazamos y reverenciamos con santidad los primeros concilios, como los de Nicea, Constantinopla, el primero de Éfeso I, Calcedonia y otros similares, que se referían a refutar errores, en la medida en que se refieren a la enseñanzas de fe. Porque no contienen otra cosa que la pura y auténtica exposición de la Escritura, que los santos Padres aplicaron con prudencia espiritual para aplastar a los enemigos de la religión que había surgido entonces" (véase Juan Calvino, *Institutes of the Christian Religion* [Institución de la Religión Cristiana], IV, ix. 8. John T. McNeill, ed. Ford Lewis Battles, trans. Philadelphia: Westminster Press, 1960, págs. 1171-72).

7   Esta regla, que ha merecido un merecido favor a través de los años como un criterio teológico sólido para la auténtica verdad cristiana, teje tres cuerdas de evaluación crítica para determinar lo que puede ser contado como ortodoxo o no en la enseñanza de la Iglesia. San Vicente de Lerins, comentarista teológico que murió antes del año 450 de nuestra era, fue el autor de lo que ha llegado a llamarse el "canon vicenciano", una triple prueba de catolicidad: *quod ubique, quod sempre, quod ab omnibus creditum est* lo que se ha creído en todas partes, siempre y por todos). Por esta triple prueba de la ecumenicidad, la antigüedad y el consentimiento, la iglesia puede discernir entre las tradiciones verdaderas y las falsas". (Thomas C. Oden, *Classical Pastoral Care* [Cuidados pastorales clásicos], vol. 4. Grand Rapids: Baker Books, 1987, pág. 243).

# Un llamado a un futuro evangélico antiguo

Robert Webber y Phil Kenyon • Revisado 36 - 5.12.06 Prólogo

Fuente:
*Listos para la siega,*
págs. 85-88

## Prólogo

En todas las épocas el Espíritu Santo llama a la Iglesia a examinar su fidelidad a la revelación de Dios en Jesucristo, registrada autoritariamente en la Escritura y transmitida a través de la Iglesia. Así, mientras afirmamos la fuerza global y la vitalidad del evangelicalismo mundial en nuestros días, creemos que la expresión norteamericana del evangelicalismo necesita ser especialmente sensible a los nuevos desafíos externos e internos que enfrenta el pueblo de Dios.

Estos retos externos incluyen el actual entorno cultural y el resurgimiento de las ideologías religiosas y políticas. Los retos internos incluyen la adaptación evangélica a la religión civil, el racionalismo, el privatismo y el pragmatismo. A la luz de estos desafíos, llamamos a los evangélicos a fortalecer su testimonio mediante la recuperación de la fe articulada por el consenso de la antigua Iglesia y sus guardianes en las tradiciones de la Ortodoxia Oriental, el Catolicismo Romano, la Reforma Protestante y los despertares evangélicos. Los antiguos cristianos se enfrentaban a un mundo de paganismo, gnosticismo y dominación política. Ante la herejía y la persecución, entendieron la historia a través de la historia de Israel, culminando en la muerte y resurrección de Jesús y la venida del Reino de Dios.

Hoy, como en la era antigua, la Iglesia se enfrenta a una serie de narraciones maestras que contradicen y compiten con el evangelio. La pregunta apremiante es: ¿quién llega a narrar el mundo? El llamado a un futuro evangélico antiguo desafía a los cristianos evangélicos a restaurar la prioridad de la historia bíblica divinamente inspirada de los actos de Dios en la historia. La narrativa del Reino de Dios tiene implicaciones eternas para la misión de la Iglesia, su reflexión teológica, sus ministerios públicos de adoración y espiritualidad y su vida en el mundo. Al involucrar estos temas, creemos que la Iglesia se fortalecerá para tratar los asuntos de nuestros días.

## 1. Sobre la primacía de la narrativa bíblica

Pedimos un retorno a la prioridad de la historia canónica divinamente autorizada del Dios Triuno. Esta historia – Creación, encarnación y re-creación – fue efectuada por la recapitulación de Cristo de la historia humana y resumida por la Iglesia primitiva en sus Reglas de Fe. El contenido formado por el Evangelio de estas Reglas sirvió como clave para la interpretación de la Escritura y su crítica de la cultura contemporánea, y así moldeó el ministerio pastoral de la iglesia. Hoy

**Contexto**
Valores/Visión
Preparar
Lanzar
Agrupar
Nutrir
Transicionar
Horario/Cartilla

Fuente:
*Listos para la siega,*
págs. 85-88

llamamos a los evangélicos a apartarse de los modernos métodos teológicos que reducen el evangelio a simples proposiciones y de los ministerios pastorales contemporáneos tan compatibles con la cultura que camuflan la historia de Dios o la vacían de su significado cósmico y redentor. En un mundo de historias en competencia, llamamos a los evangélicos a recuperar la verdad de la palabra de Dios como la historia del mundo y convertirla en la pieza central de la vida evangélica.

## 2. Sobre la Iglesia, la continuación de la narrativa de Dios

Llamamos a los evangélicos a tomar en serio el carácter visible de la Iglesia. Pedimos un compromiso con su misión en el mundo en la fidelidad a la misión de Dios (*Missio Dei*), y para una exploración de las implicaciones ecuménicas que esto tiene para la unidad, la santidad, la catolicidad y la apostolicidad de la Iglesia. Así, llamamos a los evangélicos a alejarse de un individualismo que hace de la Iglesia un mero *adendum* al plan redentor de Dios. El Evangelicalismo individualista ha contribuido a los problemas actuales del cristianismo sin iglesia, las redefiniciones de la Iglesia de acuerdo con los modelos empresariales, las eclesiologías separatistas y las actitudes de juicio hacia la Iglesia. Por lo tanto, llamamos a los evangélicos a recuperar su lugar en la comunidad de la Iglesia católica.

## 3. Sobre la reflexión teológica de la Iglesia sobre la narración de Dios

Llamamos a la reflexión a que la Iglesia permanezca anclada en las Escrituras en continuidad con la interpretación teológica aprendida de los primeros padres. Así, llamamos a los evangélicos a apartarse de los métodos que separan la reflexión teológica de las tradiciones comunes de la Iglesia. Estos métodos modernos compartimentan la historia de Dios analizando sus partes separadas, ignorando toda la obra redentora de Dios como recapitulada en Cristo. Las actitudes anti-históricas también desprecian el legado bíblico y teológico común de la antigua Iglesia. Este desprecio ignora el valor hermenéutico de los credos ecuménicos de la Iglesia. Esto reduce la historia de Dios del mundo a una de muchas teologías que compiten y dañan el testimonio unificado de la Iglesia al plan de Dios para la historia del mundo. Por lo tanto, llamamos a los evangélicos a la unidad en "la tradición que se ha creído en todas partes, siempre y por todos", así como a la humildad y la caridad en sus diversas tradiciones protestantes.

Contexto
Valores/Visión
Preparar
Lanzar
Agrupar
Nutrir
Transicionar
Horario/Cartilla

## 4. Sobre la adoración de la Iglesia como diciendo y promulgando la narrativa de Dios

Llamamos al culto público que canta, predica y promulga la historia de Dios. Llamamos a una renovada consideración de cómo Dios nos ministra en el bautismo, la eucaristía, la confesión, la imposición de manos, el matrimonio, la sanidad y a través de los dones del Espíritu,

Fuente:
*Listos para la siega,*
págs. 85-88

porque estas acciones dan forma a nuestras vidas y significan el sentido del mundo. Por lo tanto, llamamos a los evangélicos a apartarse de las formas de culto que se centran en Dios como un simple objeto del intelecto, o que afirman el yo como fuente de la adoración. Dicha adoración ha resultado en modelos orientados a la lectura, musicales, centrados en el desempeño y controlados por programas que no proclaman adecuadamente la redención cósmica de Dios. Por lo tanto, llamamos a los evangélicos a recuperar la sustancia histórica de la adoración de la Palabra y la Mesa y atender al año cristiano, que marca el tiempo de acuerdo con los actos de salvación de Dios.

### 5. Sobre la formación espiritual en la Iglesia como encarnación de la narración de Dios

Llamamos a una formación espiritual catequética del pueblo de Dios que se basa firmemente en una narrativa bíblica trinitaria. Nos preocupa cuando la espiritualidad está separada de la historia de Dios y el bautismo en la vida de Cristo y su Cuerpo. La espiritualidad, hecha independiente de la historia de Dios, se caracteriza a menudo por el legalismo, el mero conocimiento intelectual, una cultura excesivamente terapéutica, el gnosticismo de la Nueva Era, un rechazo dualista de este mundo y una preocupación narcisista por la propia experiencia. Estas falsas espiritualidades son inadecuadas para los desafíos que enfrentamos en el mundo de hoy. Por lo tanto, llamamos a los evangélicos a regresar a una espiritualidad histórica como la enseñada y practicada en el antiguo catecumenado.

### 6. Sobre la vida encarnada de la Iglesia en el mundo

Llamamos a una santidad cruciforme y compromiso con la misión de Dios en el mundo. Esta santidad encarnada afirma la vida, la moralidad bíblica y la abnegación apropiada. Nos llama a ser mayordomos fieles del orden creado y a profetas audaces a nuestra cultura contemporánea. Así llamamos a los evangélicos a intensificar su voz profética contra las formas de indiferencia al don de la vida de Dios, la injusticia económica y política, la insensibilidad ecológica y el fracaso en defender a los pobres y marginados. Demasiado a menudo no hemos podido soportar pro-féticamente contra el cautiverio de la cultura al racismo, al consumismo, a la corrección política, a la religión civil, al sexismo, al relativismo ético, a la violencia y a la cultura de la muerte. Estos fracasos han silenciado la voz de Cristo al mundo a través de su Iglesia y restan a la historia de Dios del mundo, que la Iglesia es colectivamente a encarnar. Por lo tanto, llamamos a la Iglesia a recuperar su misión contra-cultural al mundo.

### Epílogo

En resumen, llamamos a los evangélicos a recuperar la convicción de que la historia de Dios configura la misión de la Iglesia para dar

**Contexto**
Valores/Visión
Preparar
Lanzar
Agrupar
Nutrir
Transicionar
Horario/Cartilla

Fuente:
*Listos para la siega,*
págs. 85-88

testimonio del Reino de Dios e informar los fundamentos espirituales de la civilización. Presentamos este llamado como una conversación continua y abierta. Somos conscientes de que tenemos nuestros puntos ciegos y debilidades. Por lo tanto, alentamos a los evangélicos a participar en este llamado dentro de los centros educativos, denominaciones e iglesias locales a través de publicaciones y conferencias.

Oramos para que podamos avanzar con la intención de proclamar un Dios amoroso, trascendente y trino que se ha involucrado en nuestra historia. En línea con la Escritura, el credo y la tradición, es nuestro deseo más profundo encarnar los propósitos de Dios en la misión de la Iglesia a través de nuestra reflexión teológica, nuestra adoración, nuestra espiritualidad y nuestra vida en el mundo, mientras proclamamos que Jesús es Señor de toda la creación.

© Northern Seminary 2006 Robert Webber y Phil Kenyon. Se concede permiso para reproducir la Convocatoria en forma inalterada con citación adecuada.

### Patrocinadores
Seminario del Norte (*www.seminary.edu*)
Baker Books (*www.bakerbooks.com*)
Instituto de Estudios de Adoración (*www.iwsfla.org*)
InterVarsity Press (*www.ivpress.com*)

Este llamado se emite en el espíritu de *sic et non* (frase del latín que significa si y no); Por lo tanto aquellos que ponen sus nombres a este llamado no necesitan estar de acuerdo con todo su contenido. Más bien, su consenso es que estos son temas que deben ser discutidos en la tradición de *semper reformanda* (frase latina que significa siempre reformando) mientras la iglesia enfrenta los nuevos retos de nuestro tiempo. Durante un período de siete meses, más de 300 personas han participado por correo electrónico para escribir al Llamado. Estos hombres y mujeres representan una amplia diversidad de etnicidad y afiliación denominacional.

Los cuatro teólogos que más consistentemente han interactuado con el desarrollo del llamado han sido nombrados como *editores teológicos*. La *Junta de Referencia* recibió la asignación especial de aprobación general.

Si desea ser firmante del *Llamado*, vaya a *www.ancientfuturefaithnetwork.org.*

**Contexto**
Valores/Visión
Preparar
Lanzar
Agrupar
Nutrir
Transicionar
Horario/Cartilla

# *Modelos de plantación de iglesias*

Rev. Dr. Don L. Davis

Fuente:
*Listos para la siega,*
págs. 89-91

Los siguientes modelos representan un espectro de modelos que han sido asociados con la plantación de iglesias evangélicas. Las preguntas están diseñadas para ayudarnos a explorar las diversas opciones disponibles para el plantador de iglesias urbanas transculturales en el establecimiento de congregaciones entre los pobres. Es de esperar que nuestro diálogo sirva para aislar algunos de los temas críticos necesarios para que un equipo plantador de iglesias a pensar a fin de hacer su selección sobre qué tipo particular de iglesia deben plantar, dada la cultura, la población y otros factores encontrados en su campo de la misión en particular.

1.  ¿Cuál es la definición de la frase "modelos de plantación de iglesias"? ¿Por qué sería importante considerar varias opciones al plantar una iglesia entre los pobres de la ciudad?

2.  ¿Cómo caracterizaría los diversos modelos (u otros) que se han permitido o empleado en la plantación tradicional de iglesias? ¿Qué consideraría usted que son sus fortalezas y/o debilidades, y deberíamos utilizar cualquiera de ellos en nuestra plantación de iglesias entre los pobres de la ciudad?

    a.  Modelo pastor fundador – un líder se traslada a una comunidad con el compromiso de dirigir y pastorear la iglesia que está plantada.

    b.  ¿Modelo de iglesia dividida?! – se forma una nueva iglesia debido a un desacuerdo fundamental sobre alguna cuestión de moralidad, interpretación de la Biblia o cisma.

    c.  Modelo núcleo – (a veces referido como el modelo de "colonización"). Este modelo implica una asamblea central encargando a un núcleo más pequeño de su grupo (generalmente con liderazgo y miembros ya organizados) dejar la asamblea más grande y reubicarse en una comunidad no alcanzada como una especie de núcleo hecho de la iglesia que se va a formar.

    d.  Modelo de Iglesia cabeza o iglesia madre – una congregación fuerte y central determina convertirse en una especie de centro de envío y nutrir las sedes de las nuevas iglesias plantadas por su supervisión y auspicios, en el área inmediata y/o más allá.

    e.  Iglesia modelo celular – una vez que la asamblea centralizada que considera el corazón de su vida y ministerio ocurre en las

**Contexto**
Valores/Visión
Preparar
Lanzar
Agrupar
Nutrir
Transicionar
Horario/Cartilla

Fuente:
*Listos para la siega,*
págs. 89-91

células que están conectadas estructural y pastoralmente a la congregación central; su participación en conjunto constituye la iglesia.

f.  Iglesia modelo en casas – una iglesia que, aunque similar a un modelo de iglesia celular, es intencionalmente plantada con mayor atención a la autoridad y autonomía de la reunión de cristianos que se reúnen regularmente en sus respectivos hogares.

g.  Modelo misionero – una iglesia donde un plantador de iglesias transcultural busca plantar una iglesia entre un pueblo no alcanzado con la intención desde el principio de ayudar a la iglesia a auto-propagarse, auto-gobernarse y auto-sostenerse.

3.  En lugar de modelos de lenguaje, *World Impact* reconoce tres "expresiones" distintas de la plantación de iglesias, de las cuales se pueden considerar y emplear varios modelos.

**La Iglesia pequeña expresión** (o "iglesia en casas", 20-50 personas). La iglesia pequeña (o en casa) se puede entender como una *pequeña tienda en un centro comercial*. Necesita las conexiones a otras pequeñas iglesias para sobrevivir y prosperar. Las iglesias pequeñas son capaces de reunirse prácticamente en cualquier lugar y puede operar con una pequeña huella con poco o ninguna carga financiera. Pueden enfocarse en un bloque específico, desarrollo de vivienda, o una red de familias. Esta expresión permite un enfoque de discipulado fuerte de desarrollo de liderazgo autóctono que puede tener lugar en este pequeño grupo conectado.

**La Iglesia expresión comunitaria** (60-150 personas) La iglesia de la comunidad es la expresión más común de la iglesia, numéricamente hablando, en el mundo de hoy. Esta expresión se puede entender como una *tienda de comestibles o tienda de conveniencia en un barrio o comunidad*. Esta expresión se centra en una identidad geográfica particular y proximidad, destacando tanto la afinidad, la conexión y el contexto único de la congregación y la comunidad circundante. Se desarrolla alrededor de un profundo llamado y conexión a un vecindario en particular, y normalmente requiere un lugar semi-estable para reunirse (por ejemplo, un parque, un centro comunitario o una escuela). La asociación con otras iglesias comunitarias es importante.

**Contexto**
Valores/Visión
Preparar
Lanzar
Agrupar
Nutrir
Transicionar
Horario/Cartilla

**La Iglesia expresión matriz** (más de 200 personas) La iglesia madre (o "iglesia central") representa una asamblea de creyentes más grande, y puede ser entendida como *Walmart Superstore*

Fuente:
*Listos para la siega,*
págs. 89-91

*o Super Target, una tienda que alberga una serie de entidades selectas que ofrecen a sus clientes muchas opciones y oportunidades.* Este tipo de iglesia, que tiene tanto los recursos económicos y espirituales para la multiplicación, puede aprovechar sus recursos y capacidades para convertirse en una iglesia enviadora/ empoderamiento que se reproduce muchas veces. Idealmente, una iglesia madre o centro es una congregación que está dirigida por claros propósitos misioneros que le permiten aprovechar sus capacidades y dones para convertirse en un centro de compasión, misericordia y ministerios de justicia. También puede servir de sede para los plantadores de iglesias y los iniciadores de ministerio, y puede funcionar fácilmente como incubadora de otros ministerios eficaces entre los no alcanzados. Dicha expresión suele estar más enraizada en una instalación particular construida a medida que le permite aprovechar este tipo de capacidades.

4. ¿Cuáles son los temas críticos (por ejemplo, la cultura, la tradición de los plantadores de iglesias y la contextualización) que deberían ser tomados en cuenta en la selección del modelo o expresión apropiada para usar en la plantación de una iglesia en la ciudad?

5. De todas las cosas que un plantador de iglesias puede tener en cuenta, ¿cuál cree que es el elemento central que él o ella debe entender para elegir la opción "correcta" para ellos?

**Modelo misionero clásico**

**Modelo iglesia madre**

**Modelo de pastor fundador**

**¿Cuál modelo de plantación de iglesias es mejor para nuestro equipo?**

**Modelo iglesias en hogares**

**Modelo colonizador**

**Contexto**
Valores/Visión
Preparar
Lanzar
Agrupar
Nutrir
Transicionar
Horario/Cartilla

**Modelo iglesia celular**

**¿Otros modelos híbridos?**

# World Impact sobre
# "Capacitando a los urbanos pobres"

Rev. Dr. Don L. Davis

Fuente:
*Listos para la siega,*
págs. 197-202

Desde su fundación hace más de cuarenta años, *World Impact* ha hablado proféticamente sobre la elección de Dios de los pobres, el abandono benigno de la iglesia evangélica de los pobres de la ciudad y la necesidad de la evangelización, discipulado y plantación de iglesias en las comunidades urbanas pobres no alcanzadas. Creemos que la misión urbana creíble debe demostrar el evangelio, testificando tanto en la palabra proclamada como en la acción concreta. A la luz de esto, hemos enfatizado el vivir en las comunidades que servimos, atendiendo a las necesidades de toda la persona, así como a los miembros de toda la familia urbana. Hemos buscado a este testigo con el objetivo de ver las comunidades alcanzadas y transformadas por Cristo, creyendo que aquellos que viven en la ciudad y son pobres pueden estar facultados para vivir en la libertad, la integridad y la justicia del Reino de Dios, Iglesias y movimientos urbanos viables de plantación de iglesias. Toda nuestra visión, oración y esfuerzos se concentran en un grupo social particular, los "pobres urbanos", y nuestro compromiso de "capacitarlos" a través de todas las facetas de nuestro trabajo.

Si bien la frase "los urbanos pobres" puede ser malinterpretada o mal utilizada, hemos optado por emplearla con nuestros propios significados estipulados, informados tanto por la teología bíblica como por la sociología urbana. Empleamos el término para identificar a aquellos a quienes Dios nos ha encargado servir, así como para representar el llamado profético de Dios a proclamar las buenas nuevas a los pobres, tanto a la iglesia como a nuestra sociedad en general.

Debe reconocerse, por supuesto, que el término "urbanos pobres" puede ser fácilmente mal aplicado y mal utilizado. La ciudad norteamericana es dramáticamente diversa, profundamente compleja en sus mezclas de clases, culturas, y etnias. En medio de tanta diversidad, una frase como "los urbanos pobres" puede, a primera vista, parecer demasiado denotativa para ser adecuada como una designación resumida de aquellos a quienes servimos, siendo algo seca y académica. Sin establecer claramente lo que quiere decir cuando se usa, puede fácilmente convertirse en una simple etiqueta, que tiende a reforzar los estereotipos, alentando generalizaciones sobre los habitantes de la ciudad que son demasiado vagas o genéricas para ser útiles.

Contexto
Valores/Visión
**Preparar**
Lanzar
Agrupar
Nutrir
Transicionar
Horario/Cartilla

Fuente:
*Listos para la siega,*
págs. 197-202

Además, algunos podrían incluso sugerir que dicho lenguaje se utiliza para su efecto sensacionalista, para efecto "desgarrador", utilizado en gran parte para la respuesta ilícita de los donantes sin proporcionar información clara sobre una determinada comunidad o agrupación. Se argumenta que un lenguaje como los "urbanos pobres" fomenta la generalización excesiva y, usando tales términos para describir a miles, incluso millones de culturas y comunidades discretas es humillante y descuidado, y por lo general menospreciado para la gente urbana. Otros sugieren que los términos "urbanos pobres" deberían ser reemplazados por otros términos más sensibles a las personas urbanas, sugiriendo frases alternativas como "los marginados" o "económicamente oprimidos". Algunos podrían incluso sugerir que usar cualquier lenguaje que afirme diferencias particulares entre los habitantes urbanos y ellos basados en la clase es inapropiado, e innecesariamente crea división entre aquellos por quienes Cristo murió.

Si bien estos argumentos y otros relacionados tienen cierta validez, especialmente para aquellos que usan frases como ésta de una manera insensible y sin pensar, ninguna de ellas, ya sea separadas o juntas, descalifica el uso legítimo de ese término. Durante más de cuatro décadas como una organización de misiones nacionales, *World Impact* ha identificado firmemente a su población objetivo como aquellos que residen en la ciudad que son socio-económicamente pobres. Utilizamos el lenguaje de "los urbanos pobres" bajo esta luz, informados por la demografía de la ciudad y la enseñanza de las Escrituras sobre el compromiso de Dios con los pobres.

La pobreza en los Estados Unidos sigue aumentando. En los datos recogidos hasta el 2010, la tasa de pobreza ha aumentado hasta el 15.1 por ciento en el 2010 de 14.3 por ciento en el 2009 y 13.2 por ciento en el 2008. Según el grupo de investigación, el Instituto Urbano, había 46.2 millones de personas pobres en el 2010 en comparación con 43.2 millones en el 2009, con el indicador de pobreza asomando más alto que ha sido desde 1993 (Instituto Urbano, Proyecto de Desempleo y Recuperación, 13 de septiembre de 2011). La lentitud de los mercados de trabajo, el alto desempleo y las crecientes tasas de pobreza han afectado dramáticamente a las comunidades urbanas, con literalmente miles de familias carentes de ingresos y acceso a los recursos básicos para vivir y sobrevivir. *World Impact* enfoca su tiempo y atención en evangelizar, equipar y capacitar a las comunidades más afectadas por nuestras recesiones, perjuicios económicos y todos los subproductos de la violencia, el crimen, la familia quebrantada y la desesperación en general que la pobreza y la desesperanza trae consigo.

Contexto
Valores/Visión
**Preparar**
Lanzar
Agrupar
Nutrir
Transicionar
Horario/Cartilla

Fuente:
*Listos para la siega,*
págs. 197-202

No usamos el término "urbanos pobres" sólo para identificar claramente a la población a la que históricamente hemos sido llamados. También usamos el término debido al significado profético de los pobres en la Escritura. Muchas docenas de textos tanto en el Antiguo como en el Nuevo Testamento revelan una perspectiva consistente con respecto a Dios y los pobres. Demuestran que Dios siempre ha tenido una carga por aquellos que carecen de poder, recursos, dinero o las necesidades de la vida. Los estándares que Dios dio a su pueblo del pacto con respecto a los pobres revelan su compromiso con los desamparados, y todos los grupos y clases asociados con ellos. Está claro que el Antiguo Testamento incluye una serie de grupos cercanos a los pobres, incluídos los huérfanos, las viudas, los esclavos y los oprimidos (por ejemplo, Deu. 15, Rut, Isa. 1). Aquellos que explotaron y se aprovecharon de los vulnerables debido a su pobreza y debilidad fueron juzgados, y la misericordia y la bondad fueron exhortados como el estandarte universal del pueblo de Dios en favor de los pobres. La Ley proveía numerosos mandamientos con respecto al trato justo y amable de los pobres y necesitados, de la demanda de proveer a los hambrientos y desprovistos de comida, y del tratamiento liberal de los pobres (Deuteronomio 15:11).

El Nuevo Testamento revela el corazón de Dios para los pobres cristalizados en la encarnación de Jesús. Jesús proclamó en su sermón inaugural que fue ungido con el Espíritu de Dios para proclamar las buenas nuevas del Reino a los pobres (Lucas 4:18; 6:20), y confirmó su identidad mesiánica a Juan el Bautista con la predicación a los pobres, a la par de las sanidades y milagros (Lucas 7:18-23). El Señor declaró la justicia de Zaqueo a los pobres como una señal de su salvación (Lucas 19:8-10), y se identificó inequívocamente con los que estaban enfermos, en la cárcel, extraños, hambrientos, sedientos y desnudos (Mt. 25:31-45). Cada faceta de la vida y del ministerio de Jesús se entrecruzaba con las necesidades de aquellos que carecían de recursos y dinero, y por lo tanto podían ser fácilmente explotados, oprimidos y aprovechados.

Contexto
Valores/Visión
**Preparar**
Lanzar
Agrupar
Nutrir
Transicionar
Horario/Cartilla

En las acciones y escritos de los Apóstoles, también vemos declaraciones claras acerca de la elección de Dios y el cuidado de aquellos que están económicamente pobres. Santiago 2:5 dice que Dios ha escogido a los pobres en este mundo para ser ricos en fe y heredar el Reino que prometió a los que lo aman. Pablo dijo a los corintios que Dios ha escogido las cosas necias del mundo para avergonzar a los sabios, a las cosas débiles del mundo para avergonzar a las personas fuertes, humildes y despreciadas de este mundo para anular las cosas que son, para que nadie pueda presumir en su presencia (1 Corintios 1:27-29). Este texto y otros enriquecen nuestra visión de los pobres como meramente carentes de bienes, servicios y recursos: más que eso, los pobres son aquellos que

Fuente:
*Listos para la siega,*
págs. 197-202

necesitan hacerlos vulnerables al efecto de su necesidad y la explotación del mundo, y están lo suficientemente desesperados como para confiar sólo en la fuerza de Dios.

Al usar el término "pobres urbanos" dejamos en claro tanto a la población objetivo que guía las decisiones y alcances de nuestro ministerio, como también testificamos sin vergüenza la perspectiva bíblica de la elección y compromiso de Dios hacia las personas más vulnerables, necesitadas y expuestas dentro de nuestra sociedad. Los habitantes urbanos superan en número a todas las demás poblaciones de hoy, y nuestras ciudades han sido imanes para las migraciones masivas de los pueblos urbanos en busca de mejoras económicas. Creemos que "capacitar a los pobres urbanos" es, por lo tanto, estratégicamente misionero y proféticamente potente. Misionalmente, la frase es estratégica porque justamente denota el gran número de personas que permanecen sin alcanzar con el evangelio de Cristo que habitan en nuestras ciudades. Proféticamente, es potente porque revela nuestro llamamiento audaz y sin vergüenza al seguir los pasos de Jesús, nuestro respeto por los más pobres de los pobres, nuestra creencia de que Dios está llamando a los pobres a ser miembros de su iglesia y nuestra confianza de que los pobres urbanos tienen un lugar significativo en la elevación de los líderes que llegarán a las ciudades de nuestra nación, y más allá.

¿Qué hay del uso del término "pobres urbanos" y de los socios y donantes de oración de *World Impact*, y de nuestros amigos y vecinos en la ciudad? Para empezar, hemos utilizado el término con claridad y circunspección para ayudar a cualquier persona interesada en nuestra agencia misionera a conocer precisamente a aquellos a quienes Dios nos ha llamado a alcanzar. Amamos a las familias e individuos a quienes servimos en la ciudad, y nunca debemos usar el lenguaje (esta frase o cualquier otra) para avergonzar o explotar nuestra relación con ellos. No usamos este término como una etiqueta estereotipada, un sello peyorativo para limitar el potencial de las comunidades donde vivimos y trabajamos. Más bien, utilizamos la frase en nuestros materiales para comunicarnos de manera clara, franca y persuasiva argumentar la prioridad de este largo campo descuidado en la misión evangélica. Desde el principio hemos comprometido sin vergüenza nuestras vidas y recursos a hacer discípulos y plantar iglesias entre los pobres urbanos de nortemérica. Esto es una mayordomía, el trabajo de nuestro llamado individual y corporativo como misioneros de Cristo. ¡Dios no permita que cualquiera de nosotros use ese lenguaje para denigrar a los mismos por quienes Cristo murió, a aquellos a quienes somos llamados, y aquellos que creemos son la clave para la misión futura en norteamérica y más allá! Hablar claramente con respecto a nuestra vocación es

Contexto
Valores/Visión
**Preparar**
Lanzar
Agrupar
Nutrir
Transicionar
Horario/Cartilla

Fuente:
*Listos para la siega,*
págs. 197-202

nuestro deber, que nunca incluye avergonzar o menospreciar a ninguna persona a la que seamos llamados. Por el bien de nuestra misión, nuestros donantes, y aquellos a quienes servimos, debemos ser inequívocos con respecto a nuestra población objetivo; Asimismo, nunca debemos avergonzarlos ni denigrarlos en nuestro uso de ninguna comunicación, jamás.

"Capacitar a los pobres urbanos", por lo tanto, como nuestro lenguaje adoptado, no es ni un simple lema ni un lema pegadizo. Más bien, para nosotros funciona como una representación de nuestra visión única, la misión integradora de nuestro trabajo como un ministerio inter-denominacional en la ciudad. Creemos que el empoderamiento no es meramente satisfacer las necesidades, tratando sólo con los meros síntomas de las estructuras subyacentes de la pobreza, ni tampoco es el patrono hegemónico de los pobres, haciéndolos dependientes para siempre de nuestra caridad y servicio. Como misioneros de Cristo, creemos que los pobres, como cualquier otra gente, pueden ser redimidos, transformados y liberados para ser el pueblo de Dios en sus propias comunidades. Cuando Dios quiso dar poder a su pueblo, envió su Espíritu Santo a la compañía apostólica, y formó una comunidad que le confió la vida de Dios y la Palabra de vida. La respuesta de Dios a la pobreza sistémica y al descuido era formar un pueblo que encarnaba la vida misma del Reino donde residen la libertad, la totalidad y la justicia. A estas comunidades se les confía una misión de reunir a los elegidos de entre los más pobres y quebrantados de la tierra y, por el poder del Espíritu y de la comunidad cristiana, ver el Reino venir a la tierra en nuevas relaciones de hospitalidad, generosidad y rectitud, justo donde viven. Cada iglesia que funciona sana es un puesto de avanzada del Reino de Dios, y puede ser un lugar donde la verdadera transformación tiene lugar. ¡Nada "da poder" a los pobres como una simple asamblea de creyentes, obedientes al Señorío de Cristo!

Armados con esta perspectiva, creemos sinceramente que ninguna organización en la historia del mundo puede reconocer la dignidad y el valor de los pobres como la Iglesia de Jesucristo. A la luz de esta convicción, *World Impact* se esfuerza por plantar tantas iglesias lo más rápido posible entre las diversas culturas representadas por los pobres urbanos, en todas nuestras ciudades y más allá. Estamos convencidos de que ninguna otra organización social tiene el respaldo de Dios, la jefatura de Cristo y el poder del Espíritu como una iglesia local que funcione sana. Y, nada da poder a una comunidad como facilitar los movimientos de plantación de iglesias entre los urbanos pobres, donde la vida y el poder del evangelio de Cristo pueden alcanzar y transformar comunidades enteras como puestos de avanzada del Reino. Todo lo que

Fuente:
*Listos para la siega,*
págs. 197-202

hacemos en misión y justicia (desde nuestros campamentos, nuestras escuelas, nuestros negocios, clínicas médicas y dentales, nuestro trabajo en las cárceles y las cárceles, y lo más importante de todo, nuestros esfuerzos misioneros de plantar iglesias y liderazgo) contribuyen a este trabajo de empoderamiento. En lugar de meramente satisfacer necesidades o servir como patrones a los pobres, creemos que el Espíritu de Dios puede ganarlos, levantar líderes, capacitarlos para dirigir y liberarlos como obreros en sus propias comunidades como embajadores de Cristo. Más que receptores de cuidado, creemos que pueden recibir inversiones para ser líderes de servicio de Dios, transformadores de sus comunidades y colaboradores en el trabajo del Reino de Dios.

En conclusión, si bien la frase "capacitar a los pobres urbanos" puede ser mal utilizada y mal aplicada, nosotros en *World Impact* abrazamos incondicionalmente la frase no sólo porque aclara la población objetivo de nuestra misión, sino también porque declara inequívocamente nuestro llamado profético a representar al compromiso inalterable de Dios con los más vulnerables y con menos recursos entre nosotros. Dejemos que el desafío de Jesús dado tantos siglos atrás para seguir siendo nuestro modelo y visión de ministerio hoy en día mientras buscamos cumplir la Gran Comisión entre los pobres urbanos del mundo:

> Entonces el Rey dirá a los de su derecha: "Venid, benditos de mi Padre, heredad el Reino preparado para vosotros desde la fundación del mundo, porque tuve hambre y me disteis de comer; tuve sed y me disteis de beber; fui forastero y me recogisteis; estuve desnudo y me vestisteis; enfermo y me visitasteis; en la cárcel y fuisteis a verme." Entonces los justos le responderán diciendo: "Señor, ¿cuándo te vimos hambriento y te alimentamos, o sediento y te dimos de beber? ¿Y cuándo te vimos forastero y te recogimos, o desnudo y te vestimos? ¿O cuándo te vimos enfermo o en la cárcel, y fuimos a verte?" Respondiendo el Rey, les dirá: "De cierto os digo que en cuanto lo hicisteis a uno de estos mis hermanos más pequeños, a mí lo hicisteis".
>
> ~ Mateo 25:34-40 (RVR1995)

Contexto
Valores/Visión
**Preparar**
Lanzar
Agrupar
Nutrir
Transicionar
Horario/Cartilla

*Seminario 2*

## Información general sobre la plantación de iglesias

Rev. Dr. Don L. Davis

Fuente:
*Listos para la siega,*
págs. 56-66

### Cómo PLANTAR una iglesia

**I. Descripción general**

    A. Evangelizar, equipar, capacitar

    B. PLANT

        1. Preparar: Ser la Iglesia

        2. Lanzar: Expandir la Iglesia

        3. Agrupar: Establecer la Iglesia

        4. Nutrir: Madurar la Iglesia

        5. Transicionar: Liberar la Iglesia

    C. Los pasos

        1. Evangelizar: Preparar, Lanzar

        2. Equipar: Agrupar, Nutrir

        3. Capacitar: Transición

**Contexto**
**Valores/Visión**
Preparar
Lanzar
Agrupar
Nutrir
Transicionar
Horario/Cartilla

**Evangelizar**

Fuente:
*Listos para la siega,*
págs. 56-66

> Marcos 16:15-18 (LBLA) – Y les dijo: Id por todo el mundo y predicad el evangelio a toda criatura. [16] El que crea y sea bautizado será salvo; pero el que no crea será condenado. [17] Y estas señales acompañarán a los que han creído: en mi nombre echarán fuera demonios, hablarán en nuevas lenguas; [18] tomarán serpientes en las manos, y aunque beban algo mortífero, no les hará daño; sobre los enfermos pondrán las manos, y se pondrán bien

## II. Preparar: Ser la Iglesia

Hechos 16:25 (LBLA) – Como a medianoche, Pablo y Silas oraban y cantaban himnos a Dios, y los presos los escuchaban.

A. Principio: Una iglesia nace de una iglesia existente (tenemos que ser la iglesia antes de que podamos plantar la iglesia).

   1. Nos reproducimos según nuestra propia clase. No comenzamos las iglesias *ex nihilo* (locución latina traducible por "de la nada" o "desde la nada"), sino de otras iglesias. Tenemos un vínculo orgánico de la iglesia a la iglesia de nuevo a pentecostés; a los apóstoles; a Israel; a la Trinidad. La comunidad ha existido eternamente; somos una parte de esa corriente.

   2. Como en las familias, los padres dan a luz niños, los crían en sus hogares y los preparan para ser padres. Los descendientes llevan nuestro nombre y carácter. Comparten nuestra biología y crianza. Esta intimidad es necesaria para crear y sostener un movimiento de plantación de iglesias. No distinguimos la espiritualidad de los líderes de entrenamiento de la espiritualidad de los plantadores de iglesias transculturales.

   3. Las nuevas congregaciones compartirán nuestra visión, doctrina, disciplina espiritual, misión y finanzas. No hay distinción entre la nueva congregación y el equipo enviado.

   4. La "P" de PLANT reconoce que la iglesia existe tan pronto como el equipo se forma. El equipo de Pablo ERA la iglesia en Filipos antes de que la familia de Lidia se les uniera. El lanzamiento simplemente se agrega a la iglesia existente.

**Contexto
Valores/Visión**
Preparar
Lanzar
Agrupar
Nutrir
Transicionar
Horario/Cartilla

Fuente:
*Listos para la siega,*
págs. 56-66

B. Elementos de preparación

1. Busque la dirección de Dios para seleccionar un área o población no visitada (que puede incluir estudios demográficos y etnográficos).

2. Forme un equipo plantador de iglesia, la iglesia inicial a la cual los creyentes de la comunidad puedan unirse.

3. Seleccione un modelo reproducible para contextualizar las prácticas estándar de la Iglesia.

4. Inicie discusiones sobre asociaciones, denominaciones u otras afiliaciones.

## III. Lanzar: Expandir la Iglesia

Hechos 2:47 (LBLA) – alabando a Dios y hallando favor con todo el pueblo. Y el Señor añadía cada día al número de ellos los que iban siendo salvos.

A. Principio: Empiece a invitar a la gente a unirse a la comunidad

B. Elementos de lanzamiento

1. Invite a otros (creyentes maduros o nuevos) a unirse a la iglesia.

2. Lleve a cabo la evangelización para agregar a la iglesia existente.

3. Seguimiento de nuevos conversos

**Contexto**
**Valores/Visión**
Preparar
Lanzar
Agrupar
Nutrir
Transicionar
Horario/Cartilla

**Equipar**

Fuente:
*Listos para la siega,*
págs. 56-66

> Ef. 4:11-16 (LBLA) – Y El dio a algunos el ser apóstoles, a otros profetas, a otros evangelistas, a otros pastores y maestros, [12] a fin de capacitar a los santos para la obra del ministerio, para la edificación del cuerpo de Cristo; [13] hasta que todos lleguemos a la unidad de la fe y del conocimiento pleno del Hijo de Dios, a la condición de un hombre maduro, a la medida de la estatura de la plenitud de Cristo; [14] para que ya no seamos niños, sacudidos por las olas y llevados de aquí para allá por todo viento de doctrina, por la astucia de los hombres, por las artimañas engañosas del error; [15] sino que hablando la verdad en amor, crezcamos en todos los aspectos en aquel que es la cabeza, es decir, Cristo, [16] de quien todo el cuerpo (estando bien ajustado y unido por la cohesión que las coyunturas proveen), conforme al funcionamiento adecuado de cada miembro, produce el crecimiento del cuerpo para su propia edificación en amor.

## IV. Agrupar: Establecer la Iglesia

Heb. 10:25 (LBLA) – no dejando de congregarnos, como algunos tienen por costumbre, sino exhortándonos unos a otros, y mucho más al ver que el día se acerca.

A. Principio: Traiga a la iglesia a un lugar donde pueda ser anunciada en la comunidad como un Cuerpo que funcione.

B. Elementos de agrupar

1. Forme a otros a través de grupos celulares o estudios bíblicos para seguimiento y discipular a los nuevos creyentes.

2. Continúe la evangelización con grupos *oikos*.

3. Identifique y capacite a líderes emergentes, centrándose en la preparación de líderes para la transición en un satélite campus del *The Urban Ministry Institute* (TUMI).

4. Agrupe los grupos donde la Palabra es correctamente predicada, los sacramentos son correctamente administrados y la disciplina es ordenada correctamente.

5. Anuncie al barrio el comienzo del culto público.

**Contexto**
**Valores/Visión**
Preparar
Lanzar
Agrupar
Nutrir
Transicionar
Horario/Cartilla

Fuente:
*Listos para la siega,*
págs. 56-66

## V. Nutrir: Madura la iglesia

1 Pe. 4:10 (LBLA) - Según cada uno ha recibido un don especial, úselo sirviéndoos los unos a los otros como buenos administradores de la multiforme gracia de Dios.

A. Principio: Los líderes observan y practican sus destrezas en desarrollo en una iglesia con personas reales, identidades y estructuras, bajo liderazgo que asegura prácticas consistentes.

1. Los líderes deben desarrollarse en el contexto de la comunidad, usando las mismas prácticas teológicas, estratégicas y de la Iglesia que aseguren la replicación de una iglesia a la otra. Por ejemplo, cuando un líder emergente aprende cómo servir la comunión en la iglesia madre, él/ella sabe cómo conducir la comunión en la plantación de la iglesia hija.

2. La contextualización de las prácticas de la Iglesia debe ser diseñada para facilitar la formación de líderes y exportarlo a las nuevas iglesias. Las estructuras facilitan y permiten la innovación.

B. Elementos de nutrir

1. Utilice el calendario del Año de la Iglesia para discipular a la congregación.

2. Entrene a otros para que sirvan y conduzcan a través del discipulado individual y en grupo.

3. Anime a los creyentes a ejercitar sus dones en la iglesia.

4. Asigne responsabilidad a los fieles (diáconos, ancianos, futuros pastores).

**Contexto**
**Valores/Visión**
Preparar
Lanzar
Agrupar
Nutrir
Transicionar
Horario/Cartilla

**Capacitar**

Fuente:
*Listos para la siega,*
págs. 56-66

Hechos 20:28 (LBLA) – Tened cuidado de vosotros y de toda la grey, en medio de la cual el Espíritu Santo os ha hecho obispos para pastorear la iglesia de Dios, la cual El compró con su propia sangre.

Hechos 20:32 (LBLA) – Ahora os encomiendo a Dios y a la palabra de su gracia, que es poderosa para edificaros y daros la herencia entre todos los santificados.

## VI. Transición: Liberar la Iglesia

2 Tim. 2:2 (LBLA) – Y lo que has oído de mí en la presencia de muchos testigos, eso encarga a hombres fieles que sean idóneos para enseñar también a otros.

A. Principio: Preparar el descargo de los plantadores de iglesias transculturales para pasar la batuta al liderazgo autóctono.

B. Elementos de transición

1. Comisionar a la fieles líderes autóctonos como diáconos, ancianos y pastores.

2. Comisionar a la iglesia a ser parte de un movimiento autónomo, autosuficiente y auto-reproductivo.

3. Únase a una denominación o asociación para compañerismo, apoyo y actividades de ministerio en conjunto.

4. Empiece a reproducir una nueva plantación de iglesia.

**Evangelizar**

**PREPARAR: Ser la Iglesia**

- Busque la dirección de Dios para seleccionar un área o población no visitada.

- Forme un equipo de plantación de iglesia, la iglesia inicial a la cual los creyentes de la comunidad pueden unirse.

**Contexto**
**Valores/Visión**
Preparar
Lanzar
Agrupar
Nutrir
Transicionar
Horario/Cartilla

- Seleccione un modelo reproducible para contextualizar las prácticas estándar de la Iglesia.

- Inicie discusiones sobre asociaciones, denominaciones u otras afiliaciones.

Fuente:
*Listos para la siega,*
págs. 56-66

**LANZAR: Expandir la Iglesia**

- Invite a otros (maduros o nuevos creyentes) a unirse a la iglesia.

- Lleve a cabo la evangelización para agregar a la iglesia existente.

- Dele seguimiento a los nuevos conversos usando "Pelea la buena batalla de la fe".

**Equipar**

**AGRUPAR: Establecer la Iglesia**

- Entrene a otros a través de grupos celulares o estudios bíblicos para dar seguimiento y discipular a los nuevos creyentes.

- Continúe la evangelización con los grupos oikos.

- Identifique y capacite a líderes emergentes en un campus satelital de TUMI.

- Reúna a los grupos donde la Palabra es correctamente predicada, los sacramentos son correctamente administrados y la disciplina es ordenada correctamente.

- Anuncie al vecindario el comienzo del culto público.

**NUTRIR: Madurar la Iglesia**

- Utilice el calendario del Año de la Iglesia para discipular a la congregación.

- Entrene a otros para que sirvan y dirijan a través del discipulado individual y en grupo.

- Anime a los creyentes a ejercer sus dones en la iglesia.

- Asigne responsabilidad a los fieles (diáconos, ancianos, futuros pastores).

**Capacitar**

**TRANSICIONAR: Liberar la Iglesia**

- Comisione a los líderes fieles autóctonos para que sean los diáconos, ancianos y pastores.

- Comisione a la iglesia a ser parte de un movimiento autónomo, autosuficiente y auto-reproductivo.

- Únase a una denominación o asociación para compañerismo, apoyo y actividades de ministerio en conjunto.

- Empiece a reproducir una nueva plantación de iglesia.

**Contexto**
**Valores/Visión**
Preparar
Lanzar
Agrupar
Nutrir
Transicionar
Horario/Cartilla

Fuente:
*Listos para la siega,*
págs. 56-66

La terminología, las etapas y el diagrama del "Ciclo Paulino" son tomadas de David J. Hesselgrave, *Planting Churches Cross-Culturally,* 2nd ed. Grand Rapids: Baker Book House, 2000.

"Evangelizar, Equipar, y Capacitar" y "P.L.A.N.T." esquemas para la plantación de iglesias tomadas de *Crowns of Beauty: Planting Urban Churches Conference Binder* (Coronas de gloria: Cartapacio de notas de la Conferencia de plantación de iglesias urbanas). Los Ángeles: *World Impact Press*, 1999.

**Contexto**
**Valores/Visión**
Preparar
Lanzar
Agrupar
Nutrir
Transicionar
Horario/Cartilla

## Precedentes paulinos en el libro de los Hechos: El Ciclo Paulino

1. Misioneros comisionados: Hch. 13:1-4; 15:39-40; Gál. 1:15-16.

2. Audiencia contactada: Hch. 13:14-16; 14:1; 16:13-15; 17:16-19.

3. Evangelio comunicado: Hch. 13:17-41; 16:31; Rom. 10:9-14; 2 Tim. 2:8.

4. Oyentes convertidos: Hch. 13:48; 16:14-15; 20:21; 26:20; 1 Tes. 1:9-10.

5. Creyentes congregados: Hch. 13:43; 19:9; Rom. 16:4-5; 1 Cor. 14:26.

6. Fe confirmada: Hch. 14:21-22; 15:41; Rom. 16:17; Col. 1:28; 2 Tes. 2:15; 1 Tim. 1:3.

7. Liderazgo consagrado: Hch. 14:23; 2 Tim. 2:2; Tito 1:5.

8. Creyentes elogiados; Hch. 14:23; 16:40; 21:32 (2 Tim. 4:9 y Tito 3:12 por implicación).

9. Relaciones continuadas: Hch. 15:36; 18:23; 1 Cor. 16:5; Ef. 6:21-22; Col. 4:7-8.

10. Iglesias enviadas convocadas: Hch. 14:26-27; 15:1-4.

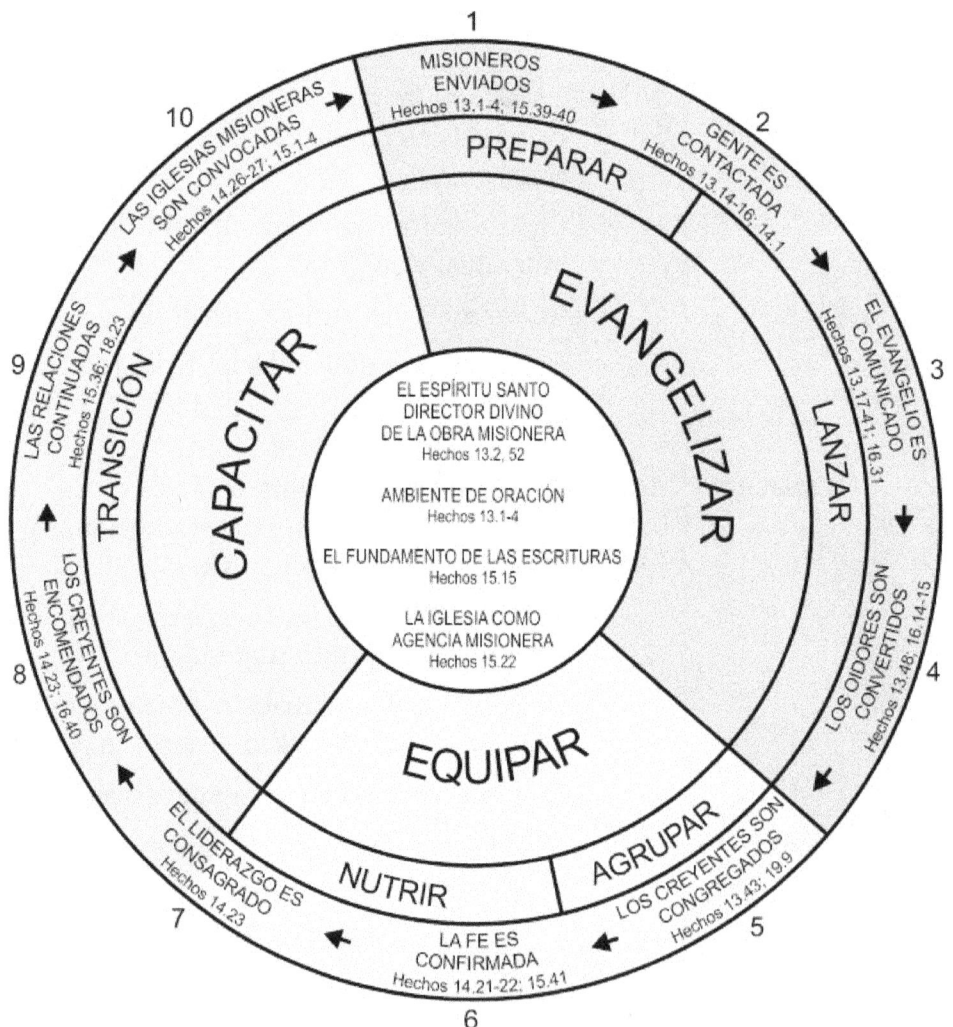

Fuente:
*Listos para la siega,*
págs. 56-66

1. **Jesús es el Señor.** (Mt. 9:37-38) Toda la actividad de las iglesias se hace efectiva y fructífera bajo el cuidado y poder del Señor Jesús, quién es el Señor de la cosecha.

2. **Evangelice, equipe y capacite a las personas no alcanzadas para llegar a la gente.** (1 Tes. 1:6-8) Nuestro objetivo al alcanzar a otros para Cristo no es sólo para la conversión sólida sino también para la multiplicación dinámica; los que son alcanzados deben ser entrenados para llegar a otros también.

3. **Sea inclusivo: Todo el que quiera puede venir.** (Rom. 10:12) Ninguna estrategia debe prohibir a ninguna persona o grupo entrar en el Reino a través de Jesucristo por la fe.

4. **Sea culturalmente neutral: Venga como es usted.** (Col. 3:11) El Evangelio no exige que ningún buscador cambie su cultura como requisito previo para venir a Jesús; pueden venir tal como son.

5. **Evite una mentalidad de fortaleza.** (Hch. 1:8) El objetivo de las misiones no es crear un castillo inexpugnable en medio de una comunidad no salva, sino un puesto de avanzada dinámico del Reino que lanza un testigo para Jesús dentro y hasta las mismas fronteras de su mundo.

6. **Continúe evangelizando para evitar el estancamiento.** (Rom. 1:16-17) Siga mirando a los horizontes con la visión de la Gran Comisión en mente; fomente un ambiente de testimonio agresivo de Cristo.

7. **Cruce barreras raciales, de clase, de género y de idioma.** (1 Cor. 9:19-22) Use su libertad en Cristo para encontrar formas nuevas y creíbles de comunicar el mensaje del reino a los más alejados del espectro cultural de la iglesia tradicional.

8. **Respete el dominio de la cultura receptora.** (Hch. 15:23-29) Permita que el Espíritu Santo encarne la visión y la ética del Reino de Dios en palabras, lenguaje, costumbres, estilos y la experiencia de aquellos que han abrazado a Jesús como su Señor.

9. **Evite la dependencia.** (Ef. 4:11-16) Ni patrocinar ni ser demasiado tacaños hacia la creciente congregación; No subestime el poder del Espíritu en medio de la más pequeña comunidad cristiana para llevar a cabo la obra de Dios en su comunidad.

10. **Piense reproductivamente.** (2 Tim. 2:2; Fil. 1:18) En cada actividad y proyecto que inicie, piense en términos de equipar a otros para que hagan lo mismo manteniendo una mente abierta con respecto a los medios y los fines de sus esfuerzos misioneros.

**Contexto
Valores/Visión**
Preparar
Lanzar
Agrupar
Nutrir
Transicionar
Horario/Cartilla

## Entrada, Proceso, Resultados

Dave Klopfenstein

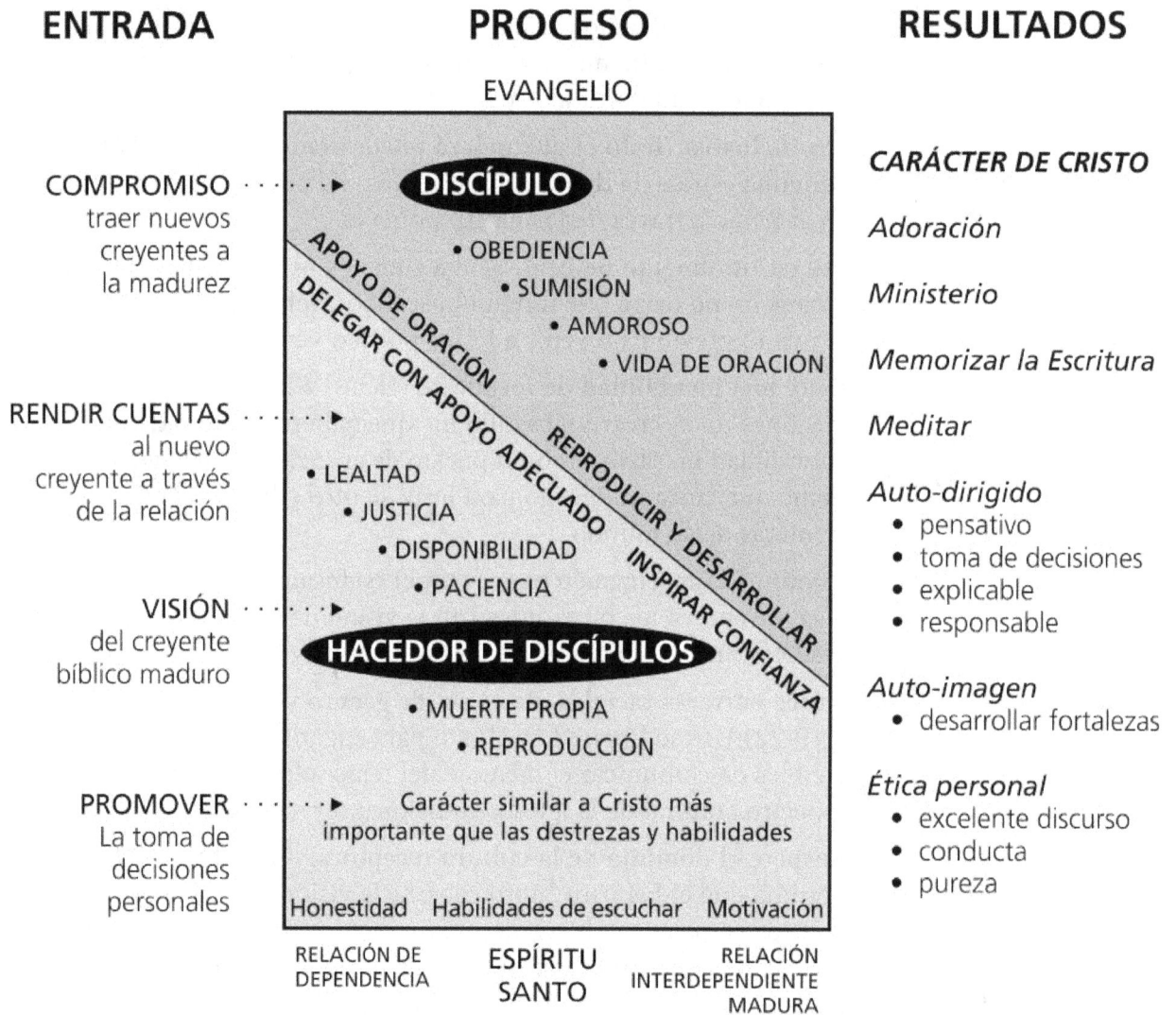

| ENTRADA | PROCESO | RESULTADOS |
|---|---|---|

**EVANGELIO**

**ENTRADA**

COMPROMISO
traer nuevos
creyentes a
la madurez

RENDIR CUENTAS
al nuevo
creyente a través
de la relación

VISIÓN
del creyente
bíblico maduro

PROMOVER
La toma de
decisiones
personales

**PROCESO**

**DISCÍPULO**
- OBEDIENCIA
- SUMISIÓN
- AMOROSO
- VIDA DE ORACIÓN

APOYO DE ORACIÓN
DELEGAR CON APOYO ADECUADO
REPRODUCIR Y DESARROLLAR
INSPIRAR CONFIANZA

- LEALTAD
- JUSTICIA
- DISPONIBILIDAD
- PACIENCIA

**HACEDOR DE DISCÍPULOS**
- MUERTE PROPIA
- REPRODUCCIÓN

Carácter similar a Cristo más
importante que las destrezas y habilidades

Honestidad   Habilidades de escuchar   Motivación

RELACIÓN DE DEPENDENCIA   ESPÍRITU SANTO   RELACIÓN INTERDEPENDIENTE MADURA

**RESULTADOS**

**CARÁCTER DE CRISTO**

*Adoración*

*Ministerio*

*Memorizar la Escritura*

*Meditar*

*Auto-dirigido*
- pensativo
- toma de decisiones
- explicable
- responsable

*Auto-imagen*
- desarrollar fortalezas

*Ética personal*
- excelente discurso
- conducta
- pureza

Fuente: *Listos para la siega*, págs. 56-66

Fuente:
*Listos para la siega,*
págs. 56-66

Revise los siguientes apéndices sobre *Plantando iglesias entre los pobres de la ciudad: Una antología de recursos de plantación de iglesias urbanas* (consulte la tabla del apéndice al final de esta sesión para encontrar la ubicación de cada documento que se muestra a continuación, es decir, su volumen y número de página), y luego responder juntos las preguntas bajo *Discusión de grupo del seminario.*

- Modelos de plantación de iglesias
- La naturaleza de los movimientos dinámicos de plantación de iglesias
- El cordón triple de los movimientos transculturales urbanos
- Movimientos de plantación de Iglesias, vecindarios C1, y ventanas 80%: La importancia de la visión
- Formando el equipo de plantación de Iglesia y entendiendo los papeles

### Discusión de grupo del seminario

1. Explique brevemente los componentes clave de los conceptos de EEE y PLANT.

2. ¿Cómo nos ayuda el acróstico PLANT a entender los enfoques apostólicos básicos del NT para plantar iglesias entre los perdidos?

3. Explique brevemente los diferentes modelos de plantación de iglesias que se están empleando hoy y discuta sus implicaciones para plantar iglesias entre los pobres de la ciudad.

4. ¿Cómo nos ayuda el lenguaje de expresiones de *World Impact* a entender mejor cómo podemos pensar en la auténtica asamblea cristiana, aparte del lenguaje modelo?

**Contexto**
**Valores/Visión**
Preparar
Lanzar
Agrupar
Nutrir
Transicionar
Horario/Cartilla

Fuente:
*Listos para la siega,*
págs. 92-94

# ¿Qué es una Iglesia?

Rev. Dr. Don Davis

La Iglesia es la comunidad del pueblo de Dios que reconoce a Jesús como Señor, que lleva a cabo sus propósitos en la tierra, compuesta de todos en el pasado, presente y futuro, de todos los lugares de la tierra y a lo largo de la historia. La Iglesia es el agente de Dios del Reino de Dios, el cuerpo y la novia de Cristo, que como custodio de la revelación de Dios ha respondido a su obra en teología, adoración, discipulado y testimonio (véase *La historia de Dios: Nuestras raíces sagradas*). Cada iglesia local es una embajada, sirviendo como un puesto de avanzada de su Reino.

Hay una sola historia revelada en la Biblia (ver *Había una vez*). El Dios del universo, existente en tres personas (Padre, Hijo y Espíritu Santo), es el Creador de todas las cosas, visibles e invisibles, que hicieron a los seres humanos a Su propia imagen. A pesar de la rebelión de Satanás y de la primera pareja humana, Dios envió a un Salvador que vencería el mal y lo devolvería todo para la gloria de Dios.

En este drama que se desarrolla, hay una base objetiva (la obra soberana de Dios en la creación, Israel y Cristo) y una respuesta subjetiva (la participación de la Iglesia en el Reino de Dios). En el lado objetivo, el Padre es el autor y director de la historia, el hijo es el campeón y actor principal de la historia, y el Espíritu es el narrador e intérprete de la historia. La Biblia es la Escritura y el testimonio de la historia.

Desde el punto de vista subjetivo, el Pueblo de la Historia responde en la teología ortodoxa como confesores de la fe, adorando juntos como sacerdotes reales, se forman como discípulos de Cristo como extranjeros en este mundo y testigos del amor de Dios como sus santos embajadores. Este entendimiento crea el fundamento de cada expresión en una iglesia local (véase *Christus Victor: Una visión integrada para la vida y el testimonio cristiano*) incluyendo la doctrina, el uso de los dones, la espiritualidad, la justicia y la compasión, la evangelización y la misión y la adoración.

La Iglesia está llamada a encarnar y defender fielmente la revelación de Dios a través del testimonio del apóstol, cumpliendo su identidad como una comunidad santa, universal y apostólica (ver Hay un río). La Iglesia debe transmitir fielmente lo que el Espíritu dio al pueblo de Cristo en términos de lo que creen, cómo deben adorar y cuáles son sus Escrituras. Estas creencias fundamentales subyacen la fe para todos los creyentes,

**Contexto**
**Valores/Visión**
Preparar
Lanzar
Agrupar
Nutrir
Transicionar
Horario/Cartilla

Fuente:
*Listos para la siega,*
págs. 92-94

en todas partes, y es llamada la "Gran Tradición" (ver *Credo Niceno*), que es abrazada por todos los creyentes ortodoxos. Esto representa la enseñanza y la práctica de los apóstoles, escritas en la Biblia, resumidas en los credos y concilios de la Iglesia, y defendidas por los creyentes a lo largo de la historia.

La plantación de iglesias es simplemente una extensión de la expresión subjetiva de este Gran Drama Cósmico. Una iglesia es una nueva hoja en el árbol del diseño de Dios, volviendo a sus Raíces Sagradas. Nuestra identidad se basa en la tutela y transferencia transcultural de la Gran Tradición, que protege contra la herejía, el sectarismo, el sincretismo, el cisma y el pragmatismo.

Una vez que vemos el amplio paisaje de la Iglesia ("I" mayúscula) podemos entonces pensar más responsable y claramente sobre la iglesia ("c" minúscula). En el diccionario conceptual de *World Impact*, reconocemos que la Iglesia ha expresado históricamente y prácticamente hoy su comunidad de tres maneras. Estas expresiones resultarán esenciales en nuestro trabajo de plantación de iglesias entre la gente de la ciudad y abarcan todas las facetas de nuestra estrategia de plantación de iglesias (incluyendo la evaluación para plantadores de iglesias, entrenamiento y fletamento de equipos de iglesias y proveyendo recursos y direcciones a través de nuestros entrenadores y financiamiento).

(Los propósitos de estas expresiones no son determinar la línea absoluta entre, digamos, 50 y 51 miembros en una iglesia. Obviamente, estos números no se dan para las distinciones duras y rápidas entre las expresiones. Nos dan un sentido de las congregaciones regulares, en curso, el tamaño y composición. Las iglesias respiran en su membresía, pero tienden a establecerse en una asistencia particular dentro de los márgenes. No vea los números como fronteras absolutas, sino más bien como guías sugestivas en términos de cómo una iglesia en particular tiende a crecer y funcionar.)

Nuestras tres expresiones son las siguientes:

**La Iglesia pequeña expresión** (o "iglesia en casas", 20-50 personas). La iglesia pequeña (o en casa) se puede entender como una *pequeña tienda en un centro comercial*. Necesita las conexiones a otras pequeñas iglesias para sobrevivir y prosperar. Las iglesias pequeñas son capaces de reunirse prácticamente en cualquier lugar y puede operar con una pequeña huella con poco o ninguna carga financiera. Pueden enfocarse en un bloque específico, desarrollo de vivienda, o una red de familias.

**Contexto
Valores/Visión**
Preparar
Lanzar
Agrupar
Nutrir
Transicionar
Horario/Cartilla

Fuente:
*Listos para la siega,*
págs. 92-94

Esta expresión permite un enfoque de discipulado fuerte de desarrollo de liderazgo autóctono que puede tener lugar en este pequeño grupo conectado.

**La Iglesia expresión comunitaria** (60-150 personas)
La iglesia de la comunidad es la expresión más común de la iglesia, numéricamente hablando, en el mundo de hoy. Esta expresión se puede entender como una *tienda de comestibles o tienda de conveniencia en un barrio o comunidad.* Esta expresión se centra en una identidad geográfica particular y proximidad, destacando tanto la afinidad, la conexión y el contexto único de la congregación y la comunidad circundante. Se desarrolla alrededor de un profundo llamado y conexión a un vecindario en particular, y normalmente requiere un lugar semi-estable para reunirse (por ejemplo, un parque, un centro comunitario o una escuela). La asociación con otras iglesias comunitarias es importante.

**La Iglesia expresión matriz** (más de 200 personas)
La iglesia madre (o "iglesia central") representa una asamblea de creyentes más grande, y puede ser entendida como *Walmart Superstore o Super Target, una tienda que alberga una serie de entidades selectas que ofrecen a sus clientes muchas opciones y oportunidades.* Este tipo de iglesia, que tiene tanto los recursos económicos y espirituales para la multiplicación, puede aprovechar sus recursos y capacidades para convertirse en una iglesia enviadora/ empoderamiento que se reproduce muchas veces. Idealmente, una iglesia madre o centro es una congregación que está dirigida por claros propósitos misioneros que le permiten aprovechar sus capacidades y dones para convertirse en un centro de compasión, misericordia y ministerios de justicia. También puede servir de sede para los plantadores de iglesias y los iniciadores de ministerio, y puede funcionar fácilmente como incubadora de otros ministerios eficaces entre los no alcanzados. Dicha expresión suele estar más enraizada en una instalación particular construida a medida que le permite aprovechar este tipo de capacidades.

**Contexto**
**Valores/Visión**
Preparar
Lanzar
Agrupar
Nutrir
Transicionar
Horario/Cartilla

# Resumen de principios clave de plantación de iglesias transculturales

*World Impact*

### 1. Jesús es el Señor.

El principio cardinal en la plantación de iglesias es que Jesús de Nazaret ha sido elevado a la posición de heredero de Dios y Señor de la Iglesia y la cosecha (Mat. 28:18-20; Heb. 1:1-4). Nada de lo que ocurre en la Iglesia, en la misión o en el ámbito espiritual tiene un significado o poder duraderos sin la soberanía y supervisión de Jesucristo, a quien se le ha otorgado autoridad y un nombre que todas las criaturas de todo el mundo reconocerán y adorarán algún día (ver Fil. 2:5-11). Entender que Jesús es Señor, obrando por medio del Espíritu Santo en esta era para lograr todo lo que Él ha determinado es el fundamento y la roca sobre la cual todos los que ministran deben contar y recibir (es decir, Hch. 1:8; Jn. 14:16-17). Ningún equipo de plantación de iglesias opera de manera aislada, divorciado del poder, influencia, liderazgo y recursos de Dios. Debido a que Jesús es el Señor, ahora podemos ir y hacer discípulos entre todos los grupos de personas a quienes nos ha llamado a ministrar, y lo hacemos con la plena seguridad de que Él permanecerá con nosotros en cada fase de la plantación, incluso hasta el final de la edad (Mat. 28:20).

### 2. Evangelice, equipe y capacite a las personas no alcanzadas para llegar a las personas.

La intención de Dios es extraer de la tierra un pueblo que le pertenecerá para siempre a través de la promesa del pacto hecha a Abraham y ratificada a través de la simiente de Abraham, el Señor Jesucristo. Como resultado, sabemos que Dios le ha ordenado a Su Iglesia que vaya al mundo entero, predicando las buenas nuevas de Su gracia y el Reino en toda la tierra. Este mandamiento es para todos, y para aquellos que se arrepienten y creen, convirtiéndose en miembros de Su familia y de su iglesia, se les da el gran privilegio de representarlo a Él también. Aquellos a quienes evangelizamos, damos seguimiento y discipulamos en la ciudad también estamos llamados a ser sus testigos y unirnos para ganar a sus amigos, familias y vecinos para el Señor Jesús. Nuestra intención, por lo tanto, en la misión, no es simplemente ganar a otros, sino ver a Dios madurando así su Iglesia entre los pobres de la ciudad para que se unan a nosotros como colegas en ganar sus ciudades y vecindarios cercanos a Jesucristo también (cf. Col. 1:27 al 29; Ef. 4:9-16; 1 Ped. 3:15).

### 3. Sea inclusivo; quienquiera que venga.

El mandato de Jesús se le da a todos, es decir, su oferta de perdón y redención es de alcance universal, dando vida y gracia a todos los que creen (por ejemplo, Jn. 1:12-13, 3:16, 5:24, 10:27-29, 1 Jn. 5:11-13, etc.). Por lo tanto, Dios ahora está ordenando a todas las personas en todas partes que se arrepientan y crean en Su Hijo (Hch. 17:30-31), y les pide que vayan a Él sea cual sea su posición en la vida, color, clase, género, raza o trasfondo. La gracia de Dios que nos aparece a todos es una gracia libre, inmerecida y universal que no está encerrada o limitada de ninguna manera a la cultura, el clan, el país o las circunstancias de una persona. La universalidad del Evangelio es uno de los principios más significativos relacionados con su dinamismo y vitalidad. Al no ser incluyentes, podemos fácilmente hacer que nuestro llamado "alcance evangelístico" sea solo un intento más de participar en una especie de ingeniería social espiritual en la que los merecedores sepan de las buenas nuevas de Jesús, y los que no son amables y no lo merecen son ignorados o despreciados. Deje que sus esfuerzos de plantación de iglesias sean conocidos por su celo para obtener la Palabra de Dios a todos aquellos en el área donde Dios los ha colocado, y a todos a quienes Él ha llamado (véase Gál. 2:6-10).

### 4. Sea culturalmente neutral: Venga tal como es.

En Jesucristo no hay judíos ni griegos, hombres ni mujeres, bárbaros, escitas, esclavos, libres, negros, blancos o lo que sea. Cuando participamos en la plantación de iglesias reconocemos que la gracia de Dios es universal en su alcance, que ninguna cultura puede reclamar ningún estado o lugar especial, que los individuos están llamados a ser discípulos de Jesús en medio de sus propias culturas, y que Dios les da la bienvenida tal como son, sin importar su historia cultural o racial (Hch. 10, 11). El concepto de neutralidad cultural simplemente significa que el evangelio no escoge y elige entre los pueblos del mundo cuáles de ellos son merecedores, más santos, más aptos moralmente o mejor espiritualmente para escuchar las buenas nuevas de Jesucristo. Nuestro intento es compartir el evangelio con toda la claridad y el amor que el llamado de Cristo nos ha impuesto, pero nunca ser imparciales o prejuiciosos en nuestra oferta o demostración del evangelio (ver Stg. 2:1-9). Dios nos ordena que hablemos las buenas nuevas de la liberación de Cristo a todos los pueblos, independientemente de sus culturas, que puedan acercarse a Él en medio de su propia cultura, y entre quienes el Espíritu Santo pueda plantar una iglesia que represente una rama de los santos de Dios personas en el corazón mismo de la cultura. Ninguna persona de una cultura en particular necesita cambiar su cultura para nacer desde arriba y vivir como discípulo de Jesucristo, porque, en lo que respecta al Reino de Dios, lo que Pablo dice es absolutamente verdadero; "Cristo es todo y en todos" (Col. 3:11).

### 5. Evite una mentalidad de fortaleza.

Al plantar una iglesia en la ciudad entre los pobres, habrá un nuevo impulso sobrenatural para crear a través de su alcance y la iglesia y sus programas, un refugio de ayuda y esperanza para los numerosos asuntos, problemas y desafíos que los creyentes en estas comunidades enfrentan. Esta es la naturaleza misma de la sustancia de la verdadera espiritualidad: demostrar el amor de Dios prácticamente entre los que tienen necesidad (véase 1 Jn. 4:7-8). Si bien debemos esforzarnos por demostrar prácticamente el amor y la justicia del reino de Cristo a través de nuestros ministerios, también debemos evitar la tendencia a hacer que nuestros programas, alcances y actividades en nuestros puntos de predicación o vecindarios de extensión sean una especie de fin-en-sí mismos. Una "mentalidad de fortaleza" es esa tendencia del ministerio en la ciudad donde hacemos nuestros esfuerzos particulares en una comunidad objetivo específica como el "todo en todos" del ministerio mismo, y nuestros esfuerzos proverbiales se convierten en una especie de "pequeño reino en la esquina". Donde todo nuestro tiempo, atención y esfuerzos están vinculados a los programas que alojamos y patrocinamos allí. El corazón del mensaje del reino está avanzando y llevando las buenas nuevas a aquellos que aún no han oído hablar de Jesús (Rom. 15:20-21). Ninguna plantación de iglesias debe ser vista como un fin en sí misma, sino como otro puesto de avance del reino por la cual las buenas nuevas pueden ser enviadas a las comunidades vecinas que necesitan escuchar del amor de Dios.

### 6. Continúe evangelizando para evitar el estancamiento.

Al comenzar a cosechar el fruto de la proclamación de la Palabra de Dios, y comenzar a dedicar gran parte de nuestro tiempo y atención a nutrir y equipar a los nuevos creyentes, es importante que no perdamos el impulso en la evangelización. No solo los nuevos creyentes a menudo son algunos de los mejores ganadores de almas en la Iglesia, es importante enfatizar compartir las buenas nuevas con los perdidos para no caer en la tendencia común del síndrome de "Jesús y nosotros solamente". ¡Asistir a las necesidades de nuestros rebaños emergentes (¡incluso los más pequeños!) puede fácilmente eclipsar nuestra responsabilidad de no solo hacer un "alcance" crítico dentro del cuerpo (por ejemplo, proporcionando enseñanza, compañerismo, adoración y cuidado amoroso y tierno a los miembros) sino también para continuar haciendo "alcance" a los perdidos y heridos a nuestro alrededor (por ejemplo, evangelizar, ministrar y servir a los quebrantados en nuestra comunidad, etc.). A fin de evitar el tipo de estancamiento entumecedor que puede provenir del enfoque en sí mismo, debemos enfatizar desde el principio, dentro de la iglesia emergente, su responsabilidad constante de ser luz y sal para sus vecinos, compartiendo las buenas nuevas de Jesús con su familia, amigos y asociados.

**7. Cruce las barreras raciales, de clase, de género y de idioma.**

El alma de la plantación de iglesias transculturales está siendo guiada y fortalecida por el Espíritu Santo y por la conducción de Jesús de cruzar barreras para ganar y discipular a las personas en la Iglesia. En otras palabras, plantar iglesias en la ciudad implicará desarrollar estrategias oportunas e inteligentes para identificar las barreras a las que se enfrentan los habitantes de la ciudad al escuchar las buenas nuevas y hacer planes específicos para trascender estas barreras a fin de que los miembros de una población blanco y específica puedan escuchar el evangelio comunicado en su propio idioma nativo y tener la oportunidad de crecer y madurar en Cristo en sincronía con su propia gente y cultura y en medio de ella. Por supuesto, requerirá mucha oración para ayudar a los creyentes a entender la diferencia entre aquellos elementos de su cultura que son inmorales (contrarios a los valores del reino de Dios), morales (consistentes con los valores del reino de Dios) y amorales (prácticas que no tienen ningún significado moral, sino que son simplemente cuestiones de preferencias y gusto). Como Pablo sugiere, debemos convertirnos en todo para todas las personas a fin de ganar algo (es decir, 1 Cor. 9:22-27), lo que significa que debemos enseñar a los creyentes cómo vivir libres en Cristo, pero no usar su libertad como una cubierta o una licencia para el pecado, pero para expresar con honor y santidad su amor por Jesús en medio de su propia gente y grupo cultural (1 Ped. 2:16: Gál. 5:1, 11). Cruzamos las barreras para dejar en claro el evangelio para que las personas puedan responder a Cristo de manera inteligente y coherente; el evangelio es para el judío y el griego (Rom. 1:16-17).

**8. Respete el dominio de la cultura receptora.**

En todas las fases de nuestras actividades y alcances, debemos respetar el dominio de la cultura en la cual Dios nos ha colocado, con el propósito de hacer discípulos. En otras palabras, debemos evitar que los miembros de otro grupo étnico se ajusten a nuestras normas de cultura a medida que definen y expresan su propio sentido de la vida en Cristo. Debemos esperar que la cultura exprese y responda a Dios y Su dirección de maneras únicas y diferentes, muy diferentes de las nuestras, o incluso de los modos de la práctica cristiana "tradicional". Esta orientación es simplemente un reconocimiento de la libertad que tiene la cultura receptora para seguir a Cristo según les guíe el Espíritu Santo, y no necesariamente de la misma manera y forma en que usted o su equipo están familiarizados o cómodos. ¡Recordemos la conmoción y el horror de Pedro y su equipo ante la caída del Espíritu Santo sobre Cornelio y el resto de su clan gentil (Hch. 10-11)! Los apóstoles se negaron a imponer a los gentiles ninguna carga adicional con respecto a su discipulado excepto "abstenerse de la contaminación de los ídolos y de la impureza y de lo estrangulado y de la sangre" (Hch. 15:20). En todo nuestra evangelización, discipulado y plantación de iglesias, debemos creer que el Espíritu Santo trabajará en y a través de la cultura receptora de maneras diferentes e incluso más allá de la nuestra.

### 9. Evite la dependencia.

En un sentido real, las iglesias urbanas incipientes, una vez que comienzan, son como niños. Necesitan el tipo de atención constante, creativa e interesada que necesita cualquier bebé, y, de la misma manera, necesitan esta información durante todo el día. Es natural para nosotros querer satisfacer las necesidades de la floreciente iglesia y ayudarla a evitar todos los errores, problemas y desafíos que necesariamente enfrentarán. A veces, en un esfuerzo por apoyar a la iglesia en crecimiento, los plantadores de iglesias cometen el error de ser paternalistas y condescendientes con ellos, es decir, el error de interferir con la necesidad de la nueva iglesia de confiar y depender de Dios por sus recursos y dirección. La intención de Dios para la iglesia no es que hagamos el trabajo por ellos, sino que equipemos a los miembros para que hagan el trabajo del ministerio a fin de que la iglesia crezca y madure a la medida de la misma estatura de Jesús, creciendo tanto en números (como Dios lo dirige) y en madurez (a través del Espíritu Santo) (Ef. 4:15-16). Somos llamados como padres espirituales para que los guardemos cuando son niños, y sin embargo, no interferir o causar una dependencia indebida e innecesaria sobre nosotros y nuestros recursos para su bienestar y liderazgo. Esto exige discernimiento; demasiado suministro y podemos tomar el lugar del Espíritu Santo. Por otro lado, al llevar este principio al extremo, podemos llegar a ser tacaños y mezquinos con la pequeña comunidad, al tiempo que decimos que es por ellos que les proporcionamos tan poco apoyo o ayuda. Debemos entender que un proceso de plantación de iglesia para una comunidad es una serie de etapas que ayudan a la nueva comunidad a pasar de su dependencia natural anterior a nosotros, hacia la independencia como iglesia fuerte, a la interdependencia como un socio con nosotros en la misión del reino. Ayudar a una nueva comunidad a matricularse a través de este proceso triple es el corazón de la empresa del plantador de iglesias urbanas.

### 10. Piense reproductivamente.

Como se mencionó anteriormente, la Gran Comisión es un mandato global, que implica el desafío de hacer discípulos entre todos los pueblos no alcanzados del mundo (Mat. 28:18-20). Si bien simplemente agregar una nueva comunidad cristiana aquí y allá a través de nuestros centros urbanos es una tarea maravillosa, estamos llamados a la multiplicación, a ver la buena nueva difundida por toda la tierra, comenzando desde nuestras propias "Jerusalén" y continuando hacia nuestras "Samarias" vecinas y hasta "los confines de la tierra" (Hch. 1:8). Nuestra intención debe ser ver que las iglesias que plantamos se conviertan en iglesias reproductoras, y debemos trabajar y orar para que esta visión y esa carga sean inculcadas dentro del mismo ADN de la plantación. Para lograr este objetivo, debemos "pensar en la reproducibilidad", es decir, debemos reflexionar sobre cómo podemos equipar prácticamente a los cristianos en la cultura receptora para compartir las buenas nuevas de Cristo con los demás tan pronto como sea posible. Debemos buscar formas creativas e innovadoras para ayudar a estos creyentes a liberarse para abrazar la Gran Comisión como propia, y desafiarlos a convertirse en vasos del avance del evangelio lo más rápido posible. Deberíamos evitar cargarlos con procesos y sugerencias que los relacionen con estructuras enormes e inmanejables, y resistir todas las tentaciones de vincularlos con prácticas y actividades que no se pueden transferir ni traducir fácilmente. En todo nuestro entrenamiento y equipamiento, debemos enfatizar modelos simples, bíblicos y reproducibles de evangelización y discipulado, y sugerir estructuras y procesos viables que les permitan unirse a nosotros para ministrar a la ciudad lo más rápido posible. En toda nuestra enseñanza y oración, nuestro lema e invocación debe ser capacitarlos para que se conviertan en nuestros socios ministeriales tan pronto como sea posible, de modo que el impulso del avance del reino se pueda sentir desde el primer día de nuestra evangelización y alcance. No pongamos nada en el camino de los cristianos en crecimiento y las nuevas Iglesias que impedirán que el Espíritu Santo permita que nuestras iglesias se conviertan en el comienzo de movimientos únicos de congregaciones reproductoras y vitales, todas las cuales están comprometidas a usar sus talentos, tiempo, y un tesoro para promover la causa del reino a través de sus barrios, su ciudad y de ellos en sus barrios, incluso hasta "los confines de la tierra".

www.ingramcontent.com/pod-product-compliance
Lightning Source LLC
Chambersburg PA
CBHW081141090426

42736CB00018B/3441